Marion Gräfin Dönhoff

Bilder, die langsam verblassen

Marion Gräfin Dönhoff

Bilder, die langsam verblassen

Ostpreußische Erinnerungen

Texte aus ›Kindheit in Ostpreußen‹ und

›Namen, die keiner mehr nennt‹

Farbaufnahmen von Wladimir Federenko

im Siedler Verlag

Inhaltsverzeichnis

Kindheit in Ostpreußen

Was aus dem Land und aus den Menschen wurde

Aus ›Namen, die keiner mehr nennt‹

Kindheit in Ostpreußen

Die Kinder meines gefallenen Bruders hatten ein Spiel erfunden, dessen Stichwort lautete: »Wie viele Händedrücke bist du entfernt von . . .?« Dann mußte man den Namen irgendeines bekannten, wenn möglich berühmten Menschen nennen, der in – vorzugsweise historisch – weiter Ferne gelebt hatte.

Ich war in der Lage, alle anderen Spieler aus dem Felde zu schlagen, weil mein Vater vierundsechzig Jahre alt war, als ich geboren wurde, und dessen Vater bei seiner Geburt achtundvierzig. Mit anderen Worten, das Geburtsjahr meines Großvaters war das Jahr 1797, was für den spezifischen Zweck unseres Gesellschaftsspiels natürlich große Vorteile mit sich brachte.

Er, der Großvater, war Diplomat gewesen, kurze Zeit einmal auch Außenminister, ein weltläufiger, gebildeter Mann, mit den Künstlern und Wissenschaftlern seiner Zeit gut bekannt, so daß ich unschwer beweisen konnte, daß mich nur drei Händedrücke von Humboldt, Schadow, Rauch oder Goethe trennten.

Vielleicht ist mir erst durch dieses Spiel, das die eigene Geschichte so augenfällig deutlich macht, bewußt geworden, wie weit zurück meine unmittelbare, mich bestimmende Vergangenheit reicht. Übrigens nicht nur in schlichter Distanz, sondern auch hinsichtlich der soziologischen und kulturellen Urschichten, bis zu denen sie zurückgeht. Die Ausläufer des *Ancien Régime* berührten gerade noch die Schwelle meiner Kinderstube, denn im Grunde war Deutschland bis zum Ende des Ersten Weltkrieges – damals war ich noch nicht zehn Jahre alt – eine halb-feudale Gesellschaft.

Dies läßt sich schon an dem Einfluß ablesen, über den der Adel in der Verwaltung und der militärischen Hierarchie damals noch verfügte: Bei Ausbruch des Ersten Weltkrieges waren alle Kommandeure der achtzehn preußischen und deutschen Armeekorps Adlige. Noch gegen Ende der Monarchie waren von den dreizehn Oberpräsidenten der preußischen Provinzen – also den höchsten Verwaltungsbeamten – elf adelig. Alle Botschafter - es gab damals nur neun, denn nur in den wichtigsten Staaten war das Deutsche Reich durch Botschafter vertreten – gehörten dem Adel an, und von den achtunddreißig Gesandten, die die Wilhelmstraße in den kleineren Ländern repräsentierten, waren nur vier bürgerlich.

Einer von ihnen war Ulrich Rauscher, Chef der diplomatischen Vertretung in Warschau. Ein Onkel von mir war ihm 1922 als Legationsrat zugeteilt, und ich erinnere mich, daß ernsthaft diskutiert wurde, ob dieser, nicht dem Adel angehörende Gesandte wirklich in der Lage wäre, alle Nuancen dieses Metiers, einschließlich Tradition, Stil und Takt voll zu beherrschen.

Man sieht, es sind immer die von Interessenten bewußt oder unbewußt geschaffenen Vorurteile, die das Vorstellungsvermögen der Menschen beherrschen. So hätte sich bis zum Beweis des Gegenteils zu jener Zeit auch niemand vorstellen können, daß Juden eines Tages glänzende Soldaten und vorzügliche Bauern sein würden. Es sind eben nicht die Fakten, die in der Geschichte entscheidend sind, sondern die Vorstellungen, die sich die Menschen von den Fakten machen.

Meine älteren Geschwister waren bei Ausbruch des Ersten Weltkrieges schon in denkendem Alter, sie waren darum für mich eine Art Bindeglied vom »Früher« zur neuen Zeit. Die neue Zeit, meine Zeit, begann also mit dem Ende der Monarchie und dem beginnenden demokratischen Zeitalter. Die Zeit vor dem Ersten Weltkrieg – auch wenn sie noch nicht fern war – kannte ich nur aus Erzählungen.

Besonders plastisch wurde sie mir durch eine Beschreibung, die ich in den Jugenderinnerungen Otto von Hentigs fand. Der Diplomat Otto von Hentig, berühmt durch seine abenteuerliche »Reise ins verschlossene Land«, die er 1915 im Auftrag des Auswärtigen Amts nach Afghanistan unternahm, ist der Vater des bekannten Pädagogen Hartmut von Hentig. Otto von Hentig, geboren 1886, beschreibt in seinen Erinnerungen einen Besuch der Familie Hentig in meinem Vaterhaus Friedrichstein:

»Es war wohl im Sommer 1902, als wir zum zweiten Mal das damals noch in größtem Stil geführte Schloß besuchten. In Königsberg holte uns ein Rappen-Viererzug ab und ein ihn begleitender Gepäckwagen. Die Eltern bekamen wieder die Königsstuben, also die Räume, die für die preußischen Könige bestimmt waren, wenn sie Ostpreußen besuchten. In ihnen hatten schon Friedrich Wilhelm I., dann der Alte Fritz und Friedrich Wilhelm II. und IV. gewohnt. Uns Kindern waren die dazugehörigen hinteren Räume angewiesen.

Unmittelbar nachdem Graf August die Morgenandacht mit etwa zwanzig zum Teil sehr anziehenden jungen, sämtlich rosa uniformierten Hausmädchen sowie dem ersten, zweiten und dritten Diener abgehalten hatte, kam auf einer riesigen Silberplatte das exzellente Frühstück. Jeden Abend dann Diners in großer Toilette mit Gästen aus der Umgebung und aus Königsberg, außer den ständigen Besuchern aus Diplomatie, Hoch- und Geistesadel.«

Bis auf die Anzahl der Stubenmädchen, die, wie mir scheint, in Otto Hentigs Erinnerung ins Überdimensionale gewachsen ist, habe ich einiges davon als Kind doch noch erlebt: den Viererzug etwa oder die Morgenandacht, nur daß diese zu meiner Zeit von meiner Mutter und nicht mehr vom Vater gehalten wurde. Es gab auch noch den ersten Diener mit Namen Kadow, sehr würdig im schwarzen Anzug oder Frack, die beiden nachgeordneten in hellen, gestreiften Leinenjacken oder, zu feierlichen Gelegenheiten, in schwarzen Escarpins mit roten Kniestrümpfen und Schuhen, die mit Silberschnallen ausgestattet waren, sowie einem frackähnlichen Gegenstand als Jacke. Die sechs Stubenmädchen, die es in meiner Kindheit gab, trugen in der Tat einheitliche, rosa-weiß gestreifte Kleider; die drei Küchenmädchen hingegen waren von dieser Livrierungs-Lust ausgeschlossen.

Überhaupt wurde die Hierarchie auf den unteren Rängen genauso streng eingehalten wie unter den Würdenträgern bei Hof. Nie hätte die Köchin mit den Küchenmädchen oder die Kastellanin, Fräulein Schikor, die

Schloß Friedrichstein, 1709–1714 erbaut, gehörte zu den drei kunstgeschichtlich bedeutendsten Schlössern Ostpreußens. Der Stuck der repräsentativen Räume ist 1750 in reinem Rokoko von Italienern angefertigt worden.

den Hausmädchen vorstand, mit diesen zusammen gegessen; Köchin und Kastellanin saßen in einem Extrazimmer an einem Tisch, zu dem nur noch die Jungfer meiner Mutter Zutritt hatte und gegebenenfalls ein unverheirateter Adjunkt des Inspektors, der sogenannte Eleve. Die drei Kutscherjungen, die der Oberkutscher unter sich hatte, aßen ebenfalls im Schloß, aber auch sie hatten einen Tisch für sich – allerdings nur in einem Durchgangsraum.

Die Hausmädchen und Kutscherjungen kamen alle aus dem Dorf oder, wie die Leute sagten, aus der Grafschaft, also von einem der dazugehörigen Güter. Daß sie in so großer Zahl vorhanden waren, hing damit zusammen, daß es damals noch sehr wenig Industrie gab, also die Chance, in der Stadt Arbeit zu finden, gering war; außerdem wurde natürlich der Dienst im Schloß dem in der Landwirtschaft vorgezogen - man drängte sich danach. Auch wenn der Lohn nicht hoch war, fiel der Vorteil, eine leichte Arbeit zu haben, Wohnung, Kleidung und Essen zu erhalten, doch entscheidend ins Gewicht.

Es war eben, verglichen mit heute, eine noch weitgehend bargeldlose Wirtschaft. Auch die Landarbeiter bekamen den größten Teil des Lohnes in Naturalien: Wohnung, Brennholz, Getreide zum Brotbacken und zur Schweinemast, ferner Milch oder freie Kuhhaltung und eine bestimmte Fläche zum Anbau von Kartoffeln. Kartoffeln spielten im ländlichen Leben in vielerlei Weise eine große Rolle.

Für mich war es das größte Vergnügen, im Herbst Meister Klein, dem Tischler, oder irgendeinem anderen unserer besonderen Lieblinge beim Kartoffelgraben auf seinem Ackerstück zu helfen. Der schönste Moment dabei war, wenn am Schluß das trockene Kartoffelkraut, in großen Haufen aufgeschichtet, angezündet wurde und allenthalben graue Rauchschwaden wie Opferfeuer über das Land zogen. Dann ergriff mich die ganze unaussprechliche, nicht auslotbare Wehmut des Herbstes. Noch heute, wenn ich im Osten ein solches Bild sehe, kommt mir der Vers Rilkes in den Sinn: »Magst Du auch sein weit über Land gefahren, fällt es Dir doch nach Jahren stets wieder ein.«

Meine vier ältesten Geschwister – zwei Brüder und zwei Schwestern – waren sieben bis zwölf Jahre älter als ich. Mein ältester Bruder hatte als siebzehnjähriger Freiwilliger noch einen Teil des Ersten Weltkrieges mitgemacht. Von den drei jüngeren war ich die jüngste: vor mir ein drei Jahre älterer Bruder, Christoph, sowie eine kranke Schwester, für die es eine eigene Pflegerin gab.

Meine eigene Erinnerung an den Ersten Weltkrieg beschränkt sich auf einen Besuch Hindenburgs, der 1916 eine Woche Urlaub in Friedrichstein machte. Als die Russen zu Beginn des Krieges, gleich im August 1914, in Ostpreußen eingefallen waren, hatte man uns Kinder zur Schwester meiner Mutter geschickt, die in Sachsen mit einem Herrn von Helldorff verheiratet war. Wir wurden erst zurückgeholt, nachdem Hindenburg in der Schlacht bei Tannenberg die Russen wieder aus Ostpreußen vertrieben hatte.

Diese Schlacht wurde sehr rasch zu einem Mythos; man schilderte, wie die Russen in den masurischen Sümpfen steckengeblieben seien – ich sah sie dort bewegungslos im Moor stehen, und natürlich taten sie mir sehr leid.

Im Jahr 1916 verbrachte Feldmarschall von Hindenburg eine Woche Urlaub in Friedrichstein. Meine Mutter und ›der Sieger von Tannenberg‹.

Der Heros der Schlacht war der von vielen Legenden umrankte siegreiche Feldherr General von Hindenburg.

Als er nach Friedrichstein kam, war ich recht enttäuscht, daß er so gar nicht dem Bild entsprach, das ich mir von ihm gemacht hatte. Er war groß und schwer, ging ziemlich steif mit merkwürdig kurzen Schritten und glich mit seinem Schnurrbart eher einem Nußknacker, wie ich ihn einmal in einem Bilderbuch gesehen hatte, als jenem göttergleichen Helden meiner Vorstellung. Hindenburg hatte 1911 seinen Abschied genommen, und man erzählte, er sei im August 1914 – siebenundsechzigjährig – so überraschend wieder geholt worden, daß er nicht einmal eine feldgraue Uniform hatte, sondern in einer Art Litevka in Ostpreußen angereist kam.

Tannenberg war offenbar die einzige Kesselschlacht des Ersten Weltkrieges; damals wurden neunzigtausend Gefangene gemacht. Es muß in der Tat eine geniale Leistung gewesen sein; von den acht vorhandenen deutschen Armeen waren nämlich sieben sogleich im Westen eingesetzt worden, so daß für Ostpreußen nur eine einzige Armee zur Verfügung stand, die den vielfach überlegenen russischen Heerscharen standhalten mußte.

Als im Jahr 1916 Feldmarschall von Hindenburg auf Urlaub in Friedrichstein weilte, besuchte er auch die kleine Dorfkirche von Löwenhagen. Von der Kirche ist kein Stein übrig geblieben.

Es war eine große Familie, die täglich bei Tisch zusammensaß. Groß vor allem deshalb, weil alle Kinder zu Hause unterrichtet wurden. Also gab es Hauslehrer, Erzieherinnen und eine Französin. Ferner für meinen Vater eine Sekretärin und als Dauergast eine Freundin meiner Mutter, die sich zu unserem Ärger bemüßigt fühlte, ständig Verhaltensregeln von sich zu geben. Sie war ein humorloses, älteres Fräulein von Zedlitz, die überall ihre Nase hineinsteckte.

Edith Zedlitz war – wohl inspiriert durch den Krieg – auf äußerste Sparsamkeit bedacht. So durften wir nicht gleichzeitig Butter und Marmelade aufs Brot streichen; auch war sie sehr erfinderisch in bezug auf jeglichen »Ersatz«. Ersatzkaffee wurde aus Eicheln gefertigt, die wir sammeln mußten. Glanzruß, der aus einem bestimmten Kamin gekratzt wurde, diente als Grundstoff für Schuhwichse, und Seife wurde aus weiß der Himmel was für Rückständen gekocht.

Man kann sich heute gar keine Vorstellung von der allgemeinen Armut jener Zeit nach dem Ersten Weltkrieg machen: Städter kamen mit Rucksäkken aufs Land, um auf den Feldern einzelne Ähren zu sammeln, die beim Abernten liegengeblieben waren, und die sie dann zu Hause auf umständliche Weise erst »dreschen« und dann mahlen mußten, um schließlich das Ergebnis backen zu können. Die Dorfleute trugen für gewöhnlich Holzpantinen, nur am Sonntag zum Kirchgang wurden die Schuhe herausgeholt, die aber häufig erst vor dem Kirchdorf angezogen wurden; auf dem Nachhauseweg wurden sie ebenfalls in der Hand getragen, um sie zu schonen. Auch bei uns wurde an allem gespart. So fuhren wir nie zweiter Klasse in der Eisenbahn – an erste war ohnehin nicht zu denken –, sondern stets in der ungepolsterten dritten, selbst auf so langen Strecken wie der von Königsberg nach Berlin.

Nach 1918 erweiterte sich die Runde am Eßtisch noch um zahlreiche Personen, weil ständig russische Emigranten und baltische Flüchtlinge auftauchten. Die meisten verschwanden bald wieder, nur die Familie des Fürsten Lieven blieb für Jahre bei uns. Sie bestand aus dem stillen, vornehmen Familienoberhaupt, seiner nervösen, leicht verrückten, aber höchst amüsanten Frau und fünf Kindern: Egon, Sigrid, Nicol, Marieluise, Joachim. Mit Ausnahme von Joachim habe ich sie alle aus den Augen verloren.

Sein Schicksal war übrigens besonders tragisch. Als ich während des Zweiten Weltkrieges die Verwaltung der Güter führte, war es mir gelungen, ihn immer wieder vom Militärdienst freistellen zu lassen, weil die Behörde einsah, daß er als einzige männliche Hilfskraft – meine Brüder befanden sich im Krieg – unentbehrlich war. Aber im letzten Kriegsjahr stach auch dieses Argument nicht mehr: Er wurde eingezogen und, ohne daß man Widerspruch geltend machen konnte, ausgerechnet einer Waffen-SS-Einheit zugeteilt: Für den ferventen Anti-Nazi ein schwerer Schicksalsschlag. Sein letzter Brief kam im Januar 1945 aus der Nähe von Kolmar; dann hat man nie wieder etwas von ihm gehört.

Für die älteren Geschwister waren Hauslehrer, Erzieherinnen und Sprachkundige engagiert worden. Dies galt auch noch für meinen drei Jahre älteren Bruder, der, noch ehe er Deutsch lernte, Französisch sprach; von ihm, der von den älteren Geschwistern genauso malträtiert wurde wie ich, ist der vielsagende Satz überliefert: *»Oh, comme je suis malheureux dans cette maison.«*

Zu meiner Zeit hatte sich das Bild total verändert, sei es, daß die Situation der Nachkriegszeit dies gebot, sei es, daß beim siebten Kind das Interesse einfach erlahmt war. Jedenfalls wurde meine Erziehung mehr oder weniger dem Zufall überlassen. Mal gab mir die Sekretärin meines Vaters beiläufig Unterricht, mal einer der jungen Balten oder eines der älteren Geschwister. Etwas Brauchbares konnte dabei natürlich nicht herauskommen.

Schließlich wurde eine Wohnung in Königsberg gemietet, und alle, die noch zur Schule gingen, wurden unter der Obhut von Onkel Paul Below und meiner Kinderfrau dorthin verfrachtet. Für mich nahm diese Zeit bald ein Ende, warum, weiß ich nicht genau; man sagte mir nur, die Schule lege keinen Wert auf meine weitere Anwesenheit. Ich war noch im Vorschulalter, die Klasse überfüllt, und ich am Morgen fast immer zu spät – mag sein, daß dies alles zusammengewirkt hat.

Daß ich fast immer zu spät kam, lag an der Kochkiste, die, wie ich vermutete, auf eine Erfindung von Edith Zedlitz zurückging. Die Kiste konnte angeblich Brennstoff sparen, weil sie innen dick ausgepolstert war. Man stellte abends den kurz angekochten Brei, meist Graupen oder Grütze, hinein und holte ihn am nächsten Morgen angeblich gar gekocht wieder heraus. Von gar war natürlich keine Rede. Die dicken Graupen waren halb roh und ekelten mich so, daß ich nicht imstande war, sie herunterzuschlucken. Das führte zu ewig langen Sitzungen am Frühstückstisch und mithin zu permanenter Verspätung in der Schule.

So kehrte ich also nach einigen Monaten wieder zurück nach Friedrichstein mitsamt meiner Kinderfrau Aleh, die ich sehr gern hatte. Ich war acht Jahre alt, mein neunter Geburtstag stand ziemlich unmittelbar bevor. Der kurze Ausflug in die große Welt von Königsberg war beendet. Gemischte Gefühle erfüllten mich, als wir den Zug bestiegen, der uns zurück nach Löwenhagen brachte, wo Kutscher Grenda mit dem Zweispänner schon vor dem Stationsgebäude wartete.

Wenn die Eltern abgeholt wurden – das hatte ich oft beobachtet –, trug er zu seiner eleganten braunen Livree stets eine schwarze Melone, die er in einer Hab-acht-Stellung zum Gruß mit dem Daumen und Zeigefinger der rechten Hand an der vorderen Kante berührte. Ohne sich zu bewegen, ohne eine Miene zu verziehen, verweilte er in dieser Stellung, bis alle eingestiegen waren. Dann ging es los in gestrecktem Trab, so daß die Räder des gefederten Wagens von einem Stein des Kopfsteinpflasters zum anderen sprangen. Das Geräusch, das dabei entstand, ist ganz unvergeßlich, auch wenn man es nie wieder gehört hat.

Der langgestreckte, von bewaldeten Hügeln eingefaßte See vor Schloß Friedrichstein.

Aleh und ich aber waren diesen Aufwand nicht wert. Grenda saß in einer alten Jacke auf dem Bock und grinste – warum wohl, fragte ich mich beklommen: Hoffentlich denkt er nicht, ich sei aus der Schule geflogen. Grenda legte immer großen Wert auf hierarchische Abstufungen; er wäre durchaus in der Lage gewesen, uns Unterricht in Fragen des Protokolls zu geben, aber das war gar nicht nötig: Man merkte auch so, was er meinte.

In rascher Fahrt ging es durch die Lindenallee, die von Löwenhagen nach Friedrichstein führt, dann den Hohlweg herunter, links der See und rechts vor uns das Schloß. Der Erbauer des Hauses, Otto-Magnus Dönhoff – sechs Generationen vor mir –, hatte damals, Anfang des 18. Jahrhunderts, einen herrlichen Platz ausgewählt: Vor der Auffahrt, also der Vorderseite, zog sich ein Rasenplatz hin und dann ein langgestreckter See, von bewaldeten Hügeln eingefaßt. Die dem Park zugekehrte Rückseite des Hauses war dreistöckig, im Gegensatz zu den zwei Geschossen der Vorderseite, denn das Terrain fiel hier gegen die Pregelniederung hin ab.

Wenn man die schwere Haustür öffnete, sah man in eine große Halle, über deren drei Türen als Supraporten die von Friedrich dem Großen geschenkten Gemälde seiner Hunde hingen. Rechts und links zwei riesige Danziger Schränke. Die mittlere Tür führte in einen hellen, stuckdekorierten Gartensaal. Wenn hoher Besuch kam, wurden alle Türen geöffnet: die schwere Hallentür, dann die zum Saal und schließlich die hohe Flügeltür, die vom Saal auf einen säulengefaßten Balkon führte, der den Blick auf einen großen, von Hecken umsäumten Rasenplatz freigab. Am Ende des Rasens begannen zwei parallel verlaufende Alleen, die bis in die grüne Unendlichkeit der Pregel-Wiesen reichten. Die Reaktion der Besucher angesichts dieses Anblicks war stets staunende Verblüffung: »Schöner als Versailles«, sagte einmal einer. In der Tat war der Effekt, durch das Schloß hindurch auf eine prachtvoll gepflegte Landschaft zu blicken, ein ungewöhnliches Vergnügen.

Für mich begann nun wieder der Unterricht daheim. Es war ein bißchen einsam. Lustig wurde es nur, wenn fürs Wochenende die Geschwister aus Königsberg kamen. Dann stiegen mein jüngster Bruder und ich auf den Boden, der viele Geheimnisse barg und den außer uns kaum jemand betrat. Der Boden erstreckte sich über die ganze Länge des Hauses; zwischen den gewaltig dicken Balken war hin und wieder ein Verschlag angelegt, in dem wir herrliche Dinge entdeckten.

Daß dieser ›Titan‹ – wie Hölderlin gesagt hätte –, der damals, also vor dem Zweiten Weltkrieg, schon einige hundert Jahre Geschichte miterlebt hatte, noch immer unverdrossen das Treiben dieser Welt betrachtet und nicht in sich zusammenstürzt, ist wirklich staunenswert.

Die alte Lindenallee –
1747 von Friedrich
Dönhoff gepflanzt –,
die von Friedrichstein
nach Löwenhagen, jetzt
Komsomolsk, führt,
hat viele Wechselfälle der
Geschichte überstanden.

In diesem Stall standen
früher die Ackerpferde.
Zu jedem Gespann
gehörten vier Pferde, denn
es wurde immer vierspännig
vom Sattel aus gefahren.

Der Rhythmus des Jahres, der immer der gleiche blieb, bestimmte das Leben. Das Frühjahr, die Erlösung vom langen Winter, kündigt sich an, wenn das Wasser in den Seen und Flüssen blauer wird; wenn große Stürme die alten Bäume schütteln, daß die Erde bebt und einem ganz bang ums Herz wird.

Eine Brücke, die früher zum Tennisplatz führte, ist inzwischen überwuchert und zum Teil eingefallen.

Ehe das Gut Borchersdorf an die Siedlungsgesellschaft verkauft wurde, gehörte die Kirche zum Patronat von Friedrichstein.

Als wäre es gestern geschehen: An der Kirche von Borchersdorf klaffen noch die Einschläge des Zweiten Weltkrieges.

Es dauert nur wenige Tage in Ostpreußen, bis die endlos lange Starre des Winters sich in strahlende Frühlingspracht verwandelt. Dann brauchten die Kinder doppelt so lang für den Schulweg zum nächsten Dorf, weil es so faszinierend für sie war, das Wasser aus den tiefen Wagenrinnen der grundlosen Landwege zu riesigen Pfützen zusammenzuleiten. Dann kommen bald die Kiebitze und später die Stare und Störche. Es riecht im Wald nach Frühling, und wenn die Morgensonne durch das erste Grün der Buchen fällt und hier und da ein paar Lichtreflexe auf das feierliche Dunkel der hohen Fichten setzt, dann weiß man, daß die lange Zeit des Wartens vorbei ist auf den neuen Herzschlag der Natur.

Daß Kinder auf Reisen
geschickt wurden, kam
selten vor, aber einmal
waren alle zusammen in
Noordwijk im Hotel
›Huis ter Duin‹.
Ich erinnere mich, daß
auf der Rückfahrt im Eisenbahnabteil alle unbändig
lustig waren, weil es endlich
wieder nach Hause ging.
Alle schmiedeten Pläne,
was jeder gleich am ersten
Abend tun werde: reiten,
auf Pirsch gehen, sehen,
ob noch alle Kaninchen
leben ...

Da lagen in großen Haufen Netze für die Wolfsjagd, denn bis zur Mitte des vorigen Jahrhunderts hatte es noch Wölfe in der Gegend gegeben, gelegentlich sogar einmal einen verirrten Luchs. Wir fanden herrliche Kulissen und altmodische Requisiten von Theateraufführungen früherer Generationen, auch eine Tafel, auf der eichenumkränzt die rückkehrenden Helden begrüßt wurden – offenbar ein Willkommen für meinen Vater und seinen Zwillingsbruder, als sie 1871 aus dem Krieg gegen Frankreich heimkehrten.

Mit Hilfe einer Leiter konnte man zwischen den Balken hoch hinauf, fast bis in den First des Daches klettern, eine Luke öffnen und weit über das Land schauen. Für mich war dies einer der schönsten Plätze des Hauses. Unten, in den repräsentativen Räumen, war es arg feierlich, auch mußte man sich wegen des herumstehenden Porzellans und der Terrakotten immer sehr gesittet bewegen. Anders war es nur in der sogenannten Kleinen Halle, die sich seitlich an die große Eingangshalle anschloß und von der aus eine breite, ziemlich steile Treppe im Bogen nach oben zu den Königsstuben führte. Diese Treppe – das hatten die großen Geschwister erfunden – konnte man auf einem Tablett wie auf einem Rodelschlitten mit großer Geschwindigkeit hinuntersausen.

Der Tag hatte viele religiöse Markierungen. Jeden Morgen die schon erwähnte Andacht, zu der alle Kinder und alle Hausleute erschienen. Zu Beginn wurde ein Choral gesungen, den meine älteste Schwester auf dem Harmonium begleitete, dann las meine Mutter einen Psalm oder ein Kapitel aus einem der Evangelien. Am Schluß beteten alle zusammen das Vaterunser. Vor und nach jeder Mahlzeit wurde ein Tischgebet gesprochen; meist mußte ich beten, weil ich die Jüngste war. Ich hatte dieses Amt von meinem Bruder, der mir im Alter am nächsten stand, übernommen. Das Gebet: »Komm, Herr Jesus, sei unser Gast ...« hatte ich daher nie geschrieben gesehen, sondern es immer nur gehört. So wunderte ich mich denn lange Zeit, warum wohl das Gebet mit einem Komma anfinge: Komma Jesus, sei unser Gast ... Ich war damals offenbar bereit, alles hinzunehmen – wohl zu staunen, aber nicht zu fragen, weil ich von den Großen doch nur ausgelacht wurde. So wunderte ich mich denn ebenfalls vergeblich, wer wohl jene Martha sei, von der in dem häufig gesungenen Lied »Die wir uns allhier beisammen finden ...« die Rede ist – dort heißt es: »uns auf deine Marter zu verbinden, schlagen wir die Hände ein ...«

Sonntags gingen wir alle in die Kirche nach Löwenhagen. Der jeweilige

Besitzer von Friedrichstein war Patron dieser Kirche und zu meiner Kinderzeit auch noch von zwei weiteren Kirchen, Borchersdorf und Ottenhagen. Als diese Güter an die Siedlungsgesellschaft verkauft wurden, entfielen auch die Patronate, mit denen verschiedene Lasten verbunden waren – freilich auch das Recht, den Pfarrer auszuwählen. In der Kirche in Löwenhagen hatten der Patron und seine Familie ein Extragestühl gegenüber der Kanzel, oberhalb der Gemeinde, sozusagen im ersten Rang. Dort standen fünf oder sechs rotbezogene Stühle. Der erste, nahe der Orgel, war für den Patron bestimmt, auf den anderen nahm die übrige Familie Platz.

Von der Predigt verstand ich meist nicht viel, vergaß im allgemeinen wohl auch zuzuhören, weil es viel interessanter war, alles zu beobachten. Beispielsweise, wie der Vater, wenn er betete, seinen Hut vor die Stirn hielt, so daß sein Gesicht bedeckt war; oder wie Fräulein Lunau, wenn an hohen Feiertagen der Chor vor der Orgel aufgebaut war, in heftiger Verzückung den Mund weit aufriß. Auch konnte ich aus meiner Froschperspektive – ich war zu klein, um über die Brüstung zu schauen – nicht den Pfarrer, wohl aber das Schnitzwerk über der Kanzel sehen: Wenn ich den Kopf ein wenig schief hielt, dann glich jenes Schnitzwerk einem Clown mit Zipfelmütze. Immer wieder war ich damit beschäftigt zu sehen, ob er auch wirklich noch da war.

Der Vater

Meinen Vater habe ich kaum gekannt. Als er mit fünfundsiebzig starb, war ich noch nicht zehn Jahre alt. Ich kann mich genau an diesen Tag erinnern. Es war ein sonniger Septembertag, im Hause herrschte eine ungewohnte Atmosphäre, alle schlichen bedrückt umher. Ich sehe mich ganz allein in dem großen Saal auf einem Stuhl sitzen, mit herunterhängenden Beinen; die Sonne malte Schattenmuster auf das Parkett, eine Wespe summte durch den Raum, sonst war es totenstill.

Eines der älteren Geschwister hatte gesagt: »Der Vater liegt im Sterben, aber du bleibst besser hier.« Alle waren um ihn versammelt, nur ich war wieder »zu klein« und darum, wie so häufig, ausgeschlossen. Ich weiß nicht, was mich trauriger machte, dieser Umstand oder der Tod des Vaters, dessen Bedeutung ich natürlich nicht im entferntesten begriff.

Am stärksten hat sich mir von ihm ein Bild eingeprägt, das sich an vielen winterlichen Abenden bot. Sein Arbeitszimmer war das letzte einer langen Flucht von Räumen, die die gesamte Länge der zum Park hingewandten Seite des etwa neunzig Meter langen Schlosses einnahm. Da die Türen von einem Raum zum anderen stets offen standen, konnte man ihn dort, in großer Entfernung, von seiner Lampe beschienen am Schreibtisch sitzen sehen. Es war, als sähe man einen lichten Punkt am Ende eines langen, dunklen Tunnels.

Wenn ich ihn tagsüber irgendwo durchs Haus wandern sah, verdrückte ich mich schnell aus Angst, ihm vorlesen zu müssen. Er hatte sehr schlechte Augen, und da die Sekretärin nicht überanstrengt werden sollte, er aber stets begierig war, zu erfahren, was in den anderen drei oder vier Zeitungen stand, deren Inhalt er noch nicht zur Kenntnis genommen hatte, spähte er forschend nach den Kindern aus. Auch die Großen ließen sich ungern erwischen, weil sie immer weit Interessanteres vorhatten, für mich aber, die ich noch gar nicht ordentlich lesen konnte, war es geradezu eine Qual, wenn es mir einmal nicht gelungen war zu entkommen und ich mich dann durch vollkommen unverständliche Texte hindurchbuchstabieren mußte.

Mein Vater hat mit einundzwanzig Jahren beim Königs-Husarenregiment als Vizewachtmeister den Krieg gegen Österreich mitgemacht und vier Jahre später als Reserveoffzier den Deutsch-Französischen Krieg. Gleich darauf, im Sommer 1871, ist er zum Auswärtigen Dienst zugelassen und als Attaché an die Botschaft in Paris geschickt worden. Aber der Beruf des Diplomaten hat ihn offenbar nicht sonderlich gefesselt, denn er gab ihn schon zehn Jahre später wieder auf.

Vor kurzem habe ich, im Archiv des Auswärtigen Amts in Bonn nachforschend, zum erstenmal seinen Werdegang verfolgen können. Aus dem Material, das vom Abiturzeugnis an lückenlos vorliegt, ergibt sich, daß er als junger Mann sehr viel hin und her geschickt worden ist: 1874 ist er als Dritter Botschaftssekretär mit 4.200 Mark Jahresgehalt in Petersburg; es folgen Wien und London, schließlich 1878 Washington als Legationssekretär mit 10.800 Mark im Jahr.

Wenn man die Akten durchsieht, hat man den überraschenden Eindruck, daß er sich mehr auf Urlaub als im Dienst befand – beruhigenderweise stets auf »unbezahlten Urlaub«. 1873 ein Urlaub für den Kaukasus und das südliche Rußland; 1875 ein Urlaub, um Kuba, Mexiko, Japan und China zu bereisen, anschließend um ein Jahr verlängert. Im März 1881 ist er wieder auf Reisen, soll aber demnächst in Kairo eintreffen, wie das Auswärtige Amt mitteilt, das dorthin einen Brief seines Regiments weitergeleitet hat.

Von den Kurzurlauben ist er öfter zu spät zurückgekehrt, wie dem Staatssekretär von Bülow vorwurfsvoll berichtet wird: »Eigenmächtig den Urlaub überschritten«, heißt es da, und es klingt, als sei ein Tadel ins Klassenbuch eingetragen worden. Im Jahr 1882 reicht er seinen Abschied ein und wird im Juli jenes Jahres aus dem Reichsdienst entlassen. Seine Begründung: Seit dem Tod seines Vaters ist er erbliches Mitglied des Preußischen Herrenhauses und will sich mehr der Politik widmen. Im privaten Bereich wandte er sich seiner Passion, dem Sammeln von Kunstgegenständen zu. Er stand mit Antiquaren und Museen in aller Welt in Verbindung, vor allem mit Wilhelm Bode, dem späteren Direktor des Kaiser-Friedrich-Museums in Berlin. In jener Zeit, also während der letzten Jahrzehnte des vorigen Jahrhunderts, konnte jemand, der etwas davon verstand, auch ohne viel Geld großartige Sammlungen zusammenbringen.

Mein Vater war immer viel auf Reisen, was damals im Gegensatz zu heute keineswegs üblich war. Heute erscheint es uns ganz unvorstellbar, daß selbst ein Mann wie Konrad Adenauer, der als Oberbürgermeister von Köln und als Mitglied des Preußischen Staatsrats jahrzehntelang eine nicht unwesentliche Rolle in der deutschen Politik gespielt hat, zum ersten Mal als Bundeskanzler, also als Siebzigjähriger, nach Paris und Rom gereist ist. In jener Zeit, da mein Vater auf Weltreisen ging, zwischen 1875 und 1895, war dies für die zurückbleibende Familie eine nicht endende Beängstigung, denn während vieler Monate kam ja kein Lebenszeichen des Reisenden.

Eines Tages, ich lebte schon seit vielen Jahren in Hamburg, rief mich eine Dame aus Berlin an und erzählte, sie habe bei ihrem Antiquar eine silberne Kaffekanne gesehen, auf der etwas von einem Dönhoff eingraviert sei. Ich schrieb dem Antiquar und bat ihn, mir die Kanne zur Ansicht zu schicken und mir zu sagen, wieviel er gegebenenfalls dafür haben wolle. Bald darauf kam der als Kaffekanne beschriebene Gegenstand und entpuppte sich als Abendmahlskanne, die meine Großmutter – offenbar einem Gelübde zufolge – der heimischen Kirche gestiftet hatte, als Dank für die gesunde Rückkehr ihres ältesten Sohnes von einer Weltreise. Der eingravierte Satz lautete:

Zum Andenken an die gottbegnadete
Heimkehr des Kirchenpatrons

Graf August Dönhoff

von seiner Weltreise den 24. Mai 1881

Der Kirche zu Borchersdorf geschenkt
von der dankbaren Mutter
Pauline Gräfin Dönhoff geb. Lehndorff

Wahrscheinlich war die Kanne in den Kriegswirren in Ostpreußen gestohlen worden, dann auf mancherlei Umwegen nach Berlin gelangt und schließlich einhundert Jahre nach ihrer Entstehung zu mir als Vertreterin der Familie zurückgekehrt. Es gab übrigens noch ein kurioses Nachspiel: Der Antiquar hatte den Preis mit DM 700.-- beziffert, ich schrieb zurück, ich sei bereit, diesen Preis zu zahlen, er möge mir bitte sein Konto nennen. Nichts erfolgte. Auch eine nochmalige Aufforderung, mir mitzuteilen, wohin das Geld überwiesen werden sollte, blieb ohne Antwort. Schließlich bat ich jene Dame, doch einmal zu ihm zu gehen und mir dann Bescheid zu geben. Es stellte sich heraus, der Laden existierte nicht mehr, der Mann war pleite, und niemand wußte, wo er sich aufhielt. Nun, ich hatte mich ordnungsgemäß bemüht und fand es dann schließlich ganz in der Ordnung, daß dieses Diebesgut auch ohne Entgelt zur Enkelin der Stifterin zurückgefunden hatte.

Wie sehr bedaure ich heute, nicht mehr von meinem Vater zu wissen. Wie interessant wäre es gewesen, ihn, den Abgeordneten des Reichstags und zugleich Mitglied des Preußischen Herrenhauses, ausfragen zu können; denn in diesen beiden Institutionen stoßen die alte und die neue Zeit nahtlos aneinander. Die Schwelle war auch hier der Erste Weltkrieg, bis zu dessen Ende das Preußische Herrenhaus ja noch existierte. Reichstag und Preußisches Herrenhaus, das sind zwei Grundmuster, die eigentlich einander ausschließen, und natürlich hat der, der zur gleichen Zeit beiden angehörte, höchst interessante Beobachtungen machen können.

Der Reichstag, nach allgemeinem, geheimem Wahlrecht gewählt – während im Preußischen Landtag noch das Dreiklassenwahlrecht galt -, repräsentierte die moderne Zeit und die beginnende Industriegesellschaft. Auch wenn die Politik, vor allem die Außenpolitik, dem Parlament noch weitgehend entzogen war, so waren hier doch die neuen Kräfte des Industriestaates sichtbar vertreten. Die Sozialdemokraten waren bereits bei der Wahl von 1912 mit 110 Sitzen in den Reichstag eingezogen; noch vor dem Ersten Weltkrieg bildeten sie also die stärkste Fraktion.

Das Preußische Herrenhaus dagegen war ein Sinnbild der vorindustriellen agrarischen Zeit. Hier hatte der Adel noch alle Privilegien einer Klassengesellschaft. Auch gab es im Preußischen Herrenhaus keine Parteien oder Fraktionen. Ein großer Teil der Mitglieder – zu ihnen gehörten alle Chefs der ehemals regierenden oder reichsunmittelbaren Familien sowie die Inhaber großer Fideikommisse oder Majorate – hatte dort einen erblichen Sitz. Der niedere Adel, in Adelsverbänden zusammengeschlossen, durfte einige Vertreter entsenden. Man kann sagen, daß drei Viertel der Mitglieder des Preußischen Herrenhauses der Aristokratie angehörten. Das letzte Viertel rekrutierte sich aus verdienten Ministern, hohen Beamten, Generälen, kirchlichen Vertretern und Industriellen wie beispielsweise Stumm, Siemens und Krupp – diese zuletzt genannte Kategorie wurde vom König ernannt. Ferner entsandten die preußischen Universitäten ingesamt zehn Vertreter und schließlich neunundvierzig preußische Städte je einen – zu ihnen gehörte seit 1917 auch Konrad Adenauer als Oberbürgermeister von Köln.

Golo Mann schreibt in einem Aufsatz »Das Ende Preußens«: »Ich habe den verstorbenen Bundeskanzler, der zwischen Herrenhaus und dem Bonner Bundestag so manche beratende Versammlung erlebt hat, einmal gefragt, welches Parlament seiner Meinung nach das höchste Niveau gehabt habe. Adenauers Antwort war überraschend. Er sagte: ›Das Preußische Herrenhaus.‹«

Vieles hätte ich von meinem Vater lernen können, der ein unvoreingenommener, aufmerksamer und neugieriger Beobachter war – Freunde nannten ihn, wie einer von ihnen mir erzählte, »den Mann, der alles wissen will«. Auf einem langen, schmalen Tisch in seinem Arbeitszimmer lagen täglich, neben den deutschen Zeitungen, deren Spanne von der Kreuz-Zeitung bis zur Frankfurter reichte, *The Times*, *Le Temps* und der *Figaro*.

Unvoreingenommen: Ich erinnere mich an zwei Geschichten, die meine Mutter mit einem gewissen Amüsement erzählte. Im Schloß in Berlin fand ein Hoffest statt, und da meine Mutter Palastdame der Kaiserin war, schien es geboten, noch pünktlicher als die anderen Gäste zu erscheinen – was sich an jenem Tag als schwierig erwies. Normalerweise erfolgte der Umzug von Ostpreußen nach Berlin für die Sitzungsperiode der beiden Parlamente mit der ganzen Familie und allem Zubehör; auch Oberkutscher Grenda, Pferde und Wagen wurden mitgenommen. Warum Grenda an jenem Abend in Berlin nicht zur Stelle gewesen ist und die gewiß ersatzweise vorgesehene Beförderung offensichtlich auch nicht, weiß ich nicht. Jedenfalls wurde es später und später; schließlich ging mein Vater hinunter auf die Straße, wahrscheinlich in der Hoffnung, irgendein ebenfalls geladener Grande werde vorbeifahren und ihn und meine Mutter mitnehmen. Aber es kam nur ein Gemüsewagen, der sich auf dem Heimweg befand.

»Guter Mann«, sagte mein Vater, nachdem er ihn zum Halten veranlaßt hatte, »könnt Ihr uns zum Schloß fahren?«, und wahrscheinlich hat er hinzugefügt: »Es soll Euer Schade nicht sein.« Die Bereitschaft war vorhanden, und so kletterten die beiden in Frack und großer Toilette auf den Bock, setzten sich zu dem Kutscher und fuhren am Schloß vor, wo man über diesen Aufzug sicherlich nicht schlecht gestaunt hat. Die andere Geschichte hatte ebenfalls etwas mit dem Hof zu tun. Nach solchen Festen pflegte ein Teil der Gesellschaft am nächsten Tag im Hotel Adlon neben dem Brandenburger Tor zu frühstücken – da saßen sie dann beisammen, die Herzöge von Arenberg und Ratibor mit ihren Frauen, Fürst und Fürstin Lichnowsky und wer da sonst noch eine Rolle spielte.

Mein Vater, August Karl Dönhoff, als junger Mann Diplomat, dann Mitglied des Preußischen Herrenhauses und von 1881 bis 1903 auch des Reichstags.

Mein Vater, der immer viel zu tun hatte und die Gesellschaft der Standesherren ja schon am Abend vorher genossen hatte, war mit dem jüdischen Rechtsanwalt Silberstein verabredet. So saß er also mit meiner Mutter und Silberstein zusammen, ebenfalls im Adlon. Meine Mutter, die über zwanzig Jahre jünger war als mein Vater und sich infolgedessen gern amüsierte, sagte, sie habe ein wenig sehnsüchtig und auch ein bißchen geniert zu den anderen hinübergeblickt, die ihrerseits wahrscheinlich einigermaßen verwundert über den Nebentisch gewesen sind.

Als Kind kannte ich nur eine Geschichte von meinem Vater, und die war sehr aufregend, denn es handelte sich darum, daß er in die letzte kriegerische Auseinandersetzung der Amerikaner mit den Indianern verwickelt gewesen war. Ich hörte einmal davon, als die großen Geschwister untereinander darüber sprachen, aber meine aufgeregten Fragen hatten sie nicht beachtet, und den Vater nach dieser Episode zu fragen, hätte ich nie gewagt. Zu groß war die Entfernung von ihm zu mir.

Jahrzehnte später konnte ich sie dann aus amerikanischer Sicht schwarz auf weiß lesen; ein Historiker, Marshall Sprague, der die Geschichte seines Heimatstaates Colorado aufgezeichnet hat, berichtet darüber in einem Buch, »The Massacre – The Tragedy at White River«.

Im September 1879 befand sich der damalige amerikanische Innenminister Carl Schurz auf einer Inspektionsreise der Indian Agencies in der Gegend von Colorado Springs. Schurz, ein geborener Rheinländer, der sich als Student der demokratischen Bewegung angeschlossen hatte, war nach dem Aufstand 1849 aus Deutschland zunächst in die Schweiz, später nach Frankreich und England geflüchtet und 1852 nach Amerika ausgewandert. Er ist einer der ersten Politiker gewesen, die für die Eingliederung der Indianer in die amerikanische Gesellschaft eingetreten sind.

Mein Vater, der damals der deutschen Gesandtschaft in Washington angehörte, war mit Schurz befreundet und hatte sich mit ihm in Denver getroffen. Gemeinsam besuchten sie einen dritten Landsmann, General Charles Adams, der ursprünglich Carl Schwanbeck hieß und aus Anklam in Pommern stammte. Seine Aufgabe war es, die Poststraßen in Colorado und New Mexico zu überwachen. Zu diesen dreien stieß schließlich noch der Sohn des amtierenden Präsidenten Hayes und ein alter Freund von Schurz, der Dichter Walt Whitman, der nach Veröffentlichung seiner anstößigen *Leaves of Grass* 1855 seinen Job im Innenministerium verloren hatte.

In der dortigen Gegend befand sich das Reservat der Utah-Indianer, die von der weißen Umgebung angefeindet wurden, weil die Farmer ein Auge auf das fruchtbare Land der Utah geworfen hatten und weil außerdem kurz zuvor in der gleichen Gegend die großen Silbervorkommen von Leadsville entdeckt worden waren. Dies hatte zu einer gespannten Atmosphäre geführt, die sich just in jenen Tagen in einem Massaker entlud, das die Indianer unter den Weißen der Indian Agency anrichteten. Ihr Chef und einige andere Weiße waren ermordet, seine Frau und Tochter von den Utahs entführt worden.

Im ganzen Land war die Erregung groß, und am Ort erhob sich der Schrei nach Militär und Vergeltung besonders laut. Schurz, der nach Washington zurückeilte, und General Adams waren fest entschlossen, alles zu tun, damit die Frauen durch Verhandlungen gerettet werden könnten, ohne daß die Armee eingreifen mußte.

Mein Vater bot seine Hilfe an, bestieg ein Pferd und schloß sich General Adams und seinem Trupp an, wobei ihn die Frage, was wohl seine Vorgesetzten in Washington sagen würden, wenn sie wüßten, in was für eine abenteuerliche Situation ein Mitglied der deutschen diplomatischen Vertretung sich da begab, offenbar nicht sonderlich beunruhigte. Ziel der Expedition war zunächst das Gebiet am Rio Grande, wo der Häuptling der Utah residierte, der sich übrigens genauso große Sorgen über die Konsequenzen des Massakers machte wie der Minister Schurz.

Was dann folgte, war ein abenteuerlicher Weg auf Indianerpfaden, durch Schluchten, über Geröll und hinauf auf 3.500 Meter Höhe. Tagelang waren sie unterwegs, aber schließlich fanden sie tatsächlich das Lager, und nach langen Verhandlungen wurden die Frauen »unbeschädigt« freigegeben.

»Unbeschädigt« war die Hauptsache, denn die allgemeine Befürchtung war gewesen, sie würden, wie in früheren Fällen, vergewaltigt werden. Wäre dies geschehen, wäre der Rachefeldzug gegen den Utah-Stamm trotz aller Bemühungen von Schurz nicht aufzuhalten gewesen.

Meine Mutter war, wie schon erwähnt, Palastdame der Kaiserin, und so war der Hof für sie natürlich eine Richtschnur für viele Anschauungen, und ich nehme an, daß gewisse Sitten von dorther übernommen worden sind. Beispielsweise der Ausdruck »untertänigst«, eine Redewendung, mit der Briefe an den Kaiser unterzeichnet wurden. Der Morgengruß der Mädchen lautete: »Untertänigst, guten Morgen, Exzellenz.« Die Dorfleute – jedenfalls die, zu denen ein besonders enges und herzliches Verhältnis bestand, beispielsweise zu Frau Ott, der Frau des Milchkutschers, die meine älteren Schwestern Weben und meine Mutter Spinnen gelehrt hatte – sagten »Exzellenzchen«, denn in Ostpreußen wurde an alles, was man gern hatte, das Diminutiv angehängt; so wurden die Hausmädchen mit Bertchen, Annchen, Friedchen angeredet.

Meine Mutter hatte mehrere Geschwister: einer der Brüder lebte in Südamerika, was damals sozusagen das Ende der Welt war. Zu ihrer Mutter, einer geborenen Gräfin Schlippenbach, sagte sie nach altmodischer Art »Frau Mutter« und »Sie«. Einen Teil ihrer Jugend hatte sie bei den Großeltern, den ungarischen Grafen Sermage, verbracht, die in Kroatien angesessen waren. Einmal im Jahr fuhren ihre Eltern per Pferdewagen von Mecklenburg dorthin. Der Besitz hieß Heiligenkreuz und liegt im heutigen Jugoslawien. Gott weiß, wie viele Wochen diese Reise gedauert haben mag.

Meine Mutter war eine musische Frau, voller Phantasie, ein wenig romantisch, weswegen sie von ihren Brüdern oft geneckt worden ist. Sie hatte eine schöne Stimme, schrieb hübsche Märchen für den Hausgebrauch, malte ein bißchen und konnte wunderbar sticken. Kurz vor 1900 hat sie für ein Kabinett in Friedrichstein die Wandbespannung in der Manier des Jugendstils gestickt – eine höchst originelle Arbeit. Es gab übrigens noch ein anderes Kabinett, dessen Bespannung hundertfünfzig Jahre zuvor, im 18. Jahrhundert, von der damaligen Hausfrau, einer Kameke, gestickt worden war: Auf einer Art Sackleinwand waren kleine chinesische Figuren appliziert, die sich in einer gemalten, asiatischen Landschaft bewegten. Da der Raum selten benutzt wurde, war das Ganze sehr gut erhalten.

Für meine Mutter bedeutete es einen Höhepunkt, wenn der Kronprinz und die Kronprinzessin oder manchmal auch diese allein zu Besuch nach

Friedrichstein kamen, was auch in den zwanziger und dreißiger Jahren, also zwischen den beiden Kriegen, gelegentlich noch geschah. Eine späte Erinnerung an einen Besuch der Kaiserin, der vor dem Ersten Weltkrieg stattgefunden hatte, wurde mir Jahrzehnte später zuteil. Ich war schon Journalistin in Hamburg und hatte etwas zu irgendeinem historischen Gedenktag geschrieben. Daraufhin kam ein Brief von dem mir persönlich nicht bekannten Sohn unseres früheren Administrators Hand, dem obersten Verwalter der Friedrichsteiner Güter.

Er schrieb, daß neben dem Ereignis, mit dem ich mich beschäftigte, an diesem Tag eine ebenfalls denkwürdige Begebenheit stattgefunden habe, nämlich der Besuch der Kaiserin in Friedrichstein. Schon Wochen zuvor, so schilderte er, waren die Verantwortlichen in Königsberg, die Bürgermeister der Dörfer, durch die die Fahrt führen sollte, die Frauenvereine, Kriegervereine, Schulen und natürlich meine Mutter in äußerste Erregung versetzt worden. Bei ihr hatte sich dieser Zustand schließlich zur Verzweiflung gesteigert, weil eine Viertelstunde vor der natürlich auf die Minute festgelegten Ankunft der Kaiserin mein Vater noch immer unauffindbar war; schließlich sei er mit schmutzigen Stiefeln und alter Hose in größter Ruhe als lebender Kontrast zu der allgemeinen Erregung vor der Haustür erschienen, aber letzten Endes dann doch im rechten Moment und auch neu gekleidet zur Stelle gewesen.

Vor dem Schloß vorgefahren: Kutscher Grenda. Im Fond des Wagens sitzen Kaiserin Auguste Viktoria und meine Mutter.

Die Schilderung scheint mir sehr typisch für beide: für Vater, der offenbar immer gelassen war und in Kleiderfragen für damalige Zeiten erstaunlich gleichgültig – »Sag mal, wer trägt eigentlich deine Anzüge, wenn sie neu sind?« hatte ihn einmal ein Freund gefragt –, und für meine Mutter, die größten Wert darauf legte, daß stets alles *comme il faut* war.

Ich hatte bei einer ähnlichen Gelegenheit als Halbwüchsige ihren großen Zorn erregt, weil ich mich weigerte, dem Befehl nachzukommen, noch einmal in mein Zimmer zu gehen und elegantere Schuhe anzuziehen. Solcher Protest war meine einzige Möglichkeit, mich gegen den, wie ich fand, übertrieben monarchistischen Rummel aufzulehnen.

Als ich fünfzehn war, wurde ich auf eine Schule nach Potsdam geschickt und lernte dort den etwa gleichaltrigen Han Plessen kennen. Sein Großvater war Generaladjutant und Kommandeur des kaiserlichen Hauptquartiers im Ersten Weltkrieg gewesen, also eine wichtige Persönlichkeit am Hof. Als wir uns etwas besser kannten, sagte Han eines Tages zu mir, und es klang wie ein Bekenntnis: »Ich bin kein Monarchist.« Mir war ganz revolutionär zumute, als ich mit großer Überzeugung erwiderte: »Ich auch nicht.« Der Kaiser war erst seit ein paar Jahren von der Bühne abgetreten, und angesichts unseres Herkommens war eine solche Äußerung, wenn auch nicht revolutionär, so doch mindestens ein Beweis dafür, daß jede Generation neue Maßstäbe setzt.

Unkenntlich unter ihren riesigen Hüten: die Kaiserin mit meiner Mutter.

Ein großer Tag war alljährlich der Geburtstag meiner Mutter am 12. Juli. Am Morgen bei der Andacht wurde, wie übrigens bei all unseren Geburtstagen, »Lobet den Herrn« gesungen, dann der 121. Psalm gelesen, und danach folgte das Lied »So nimm denn meine Hände ...« Am späteren Vormittag kamen »die Beamten«, also die Inspektoren der Güter, um zu gratulieren, es gab Torte und ein Glas Mosel. Abends war großes Diner, und dazu erschienen, solange ich zurückdenken kann und auch später alle Jahre, bis zum Ausbruch des zweiten Krieges, drei getreue Freunde: Adolf von Batocki, Graf Manfred Brünneck und Exzellenz von Berg.

Drei getreue Freunde des Hauses

Alle drei waren ebenso liebenswerte wie interessante Persönlichkeiten. Batocki, Oberpräsident von Ostpreußen, also der oberste Chef der Provinz, war im Ersten Weltkrieg Reichsernährungskommissar gewesen; zuvor, Ende 1914, nach dem Rückzug der russischen Armee, hatte er den Wiederaufbau der zerstörten ostpreußischen Städte geleitet und die Rückführung der Flüchtlinge überwacht. Er besaß einen scharfen Intellekt, war ideenreich, entscheidungsfreudig und energisch. Von jedermann geachtet, hatte er auch in den ersten Wirren nach 1918 keine Schwierigkeiten, mit den veränderten Umständen fertig zu werden.

Batockis Name ist gelegentlich in Zusammenhang gebracht worden mit dem Vorwurf, die ostpreußischen Großgrundbesitzer, die sich der geplanten Siedlungspolitik widersetzten, hätten 1932 Reichspräsident Hindenburg dazu überredet, Brüning zu stürzen. Dies trifft auf Batocki mit Sicherheit nicht zu, denn er stand der Politik Brünings durchaus nahe und hatte mit engen agrarischen Interessen nichts im Sinn. Allerdings mag es sein, daß er in Berlin mit Skepsis beurteilt wurde, weil er für seine Provinz mehr Selbstverwaltung und mehr Entscheidungsspielraum verlangte. Er strebte einen gewissen Grad an Autonomie für Ostpreußen an; in den Augen der Bürger war dies durchaus berechtigt, denn Ostpreußen war ja seit 1918 durch den polnischen Korridor vom Reich getrennt, und so konnte man sich vorstellen, daß unter Umständen rasche Entscheidungen vor Ort nötig sein würden. Der Korridor war natürlich ein jedermann beängstigendes Ergebnis des, wie es hieß, »Schandfriedens von Versailles«.

Wenn wir Ostpreußen nach Berlin reisten, hieß es: »Wir fahren ins Reich.« Im Gegensatz zum Reich lebten wir »in der Provinz«. Durch den polnischen Korridor zu reisen war in den ersten Jahren nach 1918 ein abenteuerliches Unternehmen. Die Vorhänge aller Abteile mußten zugezogen werden, niemand durfte hinausschauen, und man war auf alles gefaßt. Immer wieder mußten Reisende aussteigen, weil irgend etwas mit ihrem Paß nicht in Ordnung schien oder weil sie verdächtigt wurden, polnisches Geld bei sich zu haben.

Tiefen Eindruck hat mir als Kind eine Geschichte gemacht, die meine Mutter berichtete, als sie zum ersten Mal von einer solchen Reise zurückkehrte: Eine Mitreisende hatte erzählt, wie ihre Freundin an der Grenze von den Polen zur Leibesvisitation aus dem Zug geholt worden war. Bei dieser Prozedur entdeckte die inspizierende Beamtin auf dem Hinterteil der Betreffenden eine gedruckte Botschaft: Sie schien als Agentin entlarvt zu sein. Des Rätsels Lösung: die Ahnungslose hatte zuvor den nicht eben sehr sauberen Ort des D-Zuges aufgesucht und vorsichtshalber den Rand mit Zeitungspapier abgedeckt; die Druckerschwärze hatte offensichtlich abgefärbt.

Neben Adolf von Batocki war der zweite getreue Freund Graf Manfred Brünneck. Er war ein hochgebildeter Ästhet, der sich auf höchst eigenwillige Weise kleidete. Beispielsweise trug er ein breites lila Plastron, nicht eine Krawatte, zu einem gelben Gehrock mit hellen Gamaschen über den Schuhen, die wir »Hundedeckchen« nannten, weil sie aufs Haar jenen komischen sattelartigen Gegenständen glichen, mit denen die Besitzer von Rehpinschern ihre frierenden Hündchen wärmen. Brünneck pflegte aus einer goldenen Tabaksdose zu schnupfen und sich dann in ein großes rotes Taschentuch zu schneuzen.

Er war Landeshauptmann von Ostpreußen, also Leiter der Provinzialselbstverwaltung, ein Titel, der mir sehr geheimnisvoll erschien und von dem ich auch später nie ganz genau herausfinden konnte, welche Funktionen damit eigentlich verbunden waren. Viele solcher Titel waren wohl nur prestigeträchtig und bezeichneten keine faktische Kompetenz.

Brünnecks Besitz Bellschwitz gehörte zur Nachbarschaft von Neudeck, dem Gut Hindenburgs. Kein Wunder, daß auch er verdächtigt wurde, am Sturz Brünings mitgewirkt zu haben. Sicherlich ist dies ebenso unzutreffend wie im Fall Batockis. Auch Brünneck war ein Anhänger der Brüningschen Gedanken und ein Gegner des von Kapp – dem Anstifter des reaktionären Kapp-Putsches von 1920 – gegründeten Heimatbundes. Übrigens war Brünneck schon vor 1930 aus der Deutschnationalen Volkspartei ausgetreten.

Gleich nach dem Sturz Brünings hieß es, und auch heute noch glauben es viele, daß die »ostelbischen Junker« ihre engen Beziehungen zu Hindenburg ausgenutzt hätten, um die verschärften Siedlungsmaßnahmen, die der Ostkommissar Schlange-Schöningen entworfen hatte, zu verhindern. Sie hätten, so heißt es, beschlossen, das Kabinett Brüning zu stürzen und es durch eine ihren Interessen entsprechende Präsidialregierung zu ersetzen.

In einem umfangreichen Briefwechsel zwischen Brünneck und Brüning, der im Geheimen Staatsarchiv in Berlin-Dahlem liegt, stehen hierzu eine Reihe interessanter Einzelheiten. Brüning schrieb am 12.10.1948 an Brünneck: »Es war nicht der Adel, der mich gestürzt hat.« Er beabsichtige, in der Deutschen Rundschau tendenziösen Berichten deutscher Emigranten über die Verantwortung des deutschen Adels für seinen Sturz entgegenzutreten: »In schwierigen Lagen, im Januar und Februar 1932, sind es Mitglieder des ostpreußischen und schlesischen Adels gewesen, die mich beim Reichspräsidenten gerettet haben.« Die Schuldigen an seinem Sturz, so meint er, seien Meissner und Schleicher gewesen.

Ernst Rudolf Huber schreibt in der »Deutschen Verfassungsgeschichte seit 1789«, daß es nicht »gutnachbarliche Quertreibereien« gewesen sind, die den auf Gut Neudeck weilenden Reichspräsidenten zum Widerstand gegen die Kabinettsvorlage veranlaßten, sondern vielfältige Einsprüche »berufsständischer Vertretungen der Landwirtschaft«, die Bedenken hatten gegen die im Gesetz vorgesehene Zwangsversteigerung des nicht entschuldungsfähigen Grundbesitzes. Die Zwangsversteigerung durch eine Regierungsstelle ohne Antrag der Gläubiger, bei der dann diese Regierungsstelle als »Bieter« den Preis bestimme, erschien auch dem Reichspräsidenten als eine nicht vertretbare Enteignung ohne Rechtsgrundlage. Dazu Huber: »Die Einwendungen des Reichspräsidenten waren sachlich begründet. Unter jedem rechtsstaatlichen Regime wäre die Verwaltung, wenn sie die Notlage eines Wirtschaftszweiges zu benutzen suchte, um Betriebe im Verfahren der Zwangsversteigerung in die Hand des nicht in einer Gläubigerstellung befindlichen Staats zu überführen, dem Vorwurf ausgesetzt, daß es sich um eine verkappte Enteignung unter Umgehung der verfassungsrechtlichen Entschädigungsgarantien handele.«

Der Dritte im Bunde der Freunde des Hauses und der konservativste von ihnen war Fritz von Berg. Er war verhältnismäßig oft in Friedrichstein, mit unfehlbarer Sicherheit aber erschien er stets am 12. Juli. Onkel Fritz, 1866 geboren, war Junggeselle. Er hatte Jura studiert, war in die Verwaltung eingetreten, dann Landrat und schließlich Oberpräsident in Ostpreußen geworden. Er hatte also die höchste Spitze der Provinzialverwaltung erklommen.

Er war sehr kurzsichtig, trug eine Brille mit dicken, randlosen Gläsern, hatte eine schöne, tiefe Stimme und sprach seltsam abgehackt. Vor allem bei feierlichen Gelegenheiten kam dieser merkwürdige *son de voix* zur Geltung: Drei oder vier Worte überstürzten sich, dann kam eine Pause und wieder drei oder vier rasch hervorgestoßene Worte und wieder eine Pause. Als Kind fand ich das ungemein eindrucksvoll und hätte gern auch so gesprochen wie er. Wenn er einmal bei der Morgenandacht dabei war, bemühte ich mich immer, neben ihm zu stehen, um dann das Gebet im gleichen Tonfall zu sprechen: Vater unser – Pause – der du bist im Himmel – Pause – . . .

Onkel Fritz wurde von allen mit großer Ehrerbietung behandelt. Da mein Vater nicht mehr lebte, wurde er, wenn es Probleme innerhalb der Familie gab, von meiner Mutter gelegentlich zu Rate gezogen. Hatte er seine Meinung kundgetan, wurde diese ungeachtet unserer üblichen Skepsis meist akzeptiert. Er war eben eine moralische Institution.

Als er in unseren Gesichtskreis trat, hatte er sein eigentliches Leben schon hinter sich und lebte zurückgezogen auf seinem Gut Markienen. Vor und während des Ersten Weltkrieges aber hatte Fritz von Berg, der dem Kaiser freundschaftlich verbunden war und zeitweise großen Einfluß auf diesen hatte, eine wichtige Rolle gespielt. Er war auf wohl nie ganz geklärte Weise in die Intrigen der Obersten Heeresleitung – also Hindenburgs und Ludendorffs – involviert gewesen, die 1917 zum Sturz von Reichskanzler Bethmann Hollweg führten. Ein Jahr später wurde er Chef des Zivilkabinetts. Als solcher hatte er viele verschiedene, einflußreiche Funktionen, beispielsweise das Redigieren der Kaiser-Reden, das Führen der Verhandlungen über die Besetzung der Oberpräsidenten-Posten, auch Ordensangelegenheiten; darüber hinaus war er mit der Zeit immer mehr zum Berater des Kaisers geworden, was ihm unvermeidlicherweise den Vorwurf eintrug, diesen falsch beraten zu haben. Andere tadelten, er habe eigenmächtig in die Außenpolitik eingegriffen, wieder andere verübelten ihm sein altmodisches Preußentum und seinen engagierten Prostestantismus.

Fritz Berg war überzeugter Monarchist und wurde 1921 nach dem Tode von August Eulenburg zu dessen Nachfolger als Generalbevollmächtigter des preußischen Königshauses sowie zum Minister des Königlichen Hauses (Hausminister) ernannt. Als solchem oblag es ihm, die schwierigen Verhandlungen über die Vermögensauseinandersetzung zwischen dem Preußischen Staat und dem ehemaligen Herrscherhaus zu führen. Etwa zur gleichen Zeit war er von der deutschen Adelsgenossenschaft zu ihrem Vorsitzenden – also zum Adelsmarschall – gewählt worden.

Wir wußten kaum etwas von diesen vielen verschiedenen Rollen. Wir kannten Onkel Fritz nur als einen überaus gütigen Menschen, der stets um die öffentlichen Dinge besorgt war und der nicht nur mit den Großen der Welt Umgang gehabt hatte, sondern sich auch um die Menschen seiner nächsten Umgebung kümmerte.

Ich traf ihn eines Tages in Königsberg in einem Laden, wo er kurzsichtig und ungelenk zwischen Pullovern und Zipfelmützen herumwühlte, um Weihnachtsgeschenke für die Kinder seiner Arbeiter einzukaufen. Mein älterer Bruder, der ihn einmal in Markienen besuchte, war Zeuge einer Szene, die er damals so lebhaft schilderte, daß sie mir noch heute in Erinnerung ist: Der Diener kommt herein und meldet: »Da ist ein Mann, der will Exzellenz sprechen, aber er sagt nicht, wer er ist und was er will.« »Laß ihn reinkommen.« Ein junger Mann erscheint, macht eine höfliche Verbeugung und sagt seinen Namen. Onkel Fritz sieht ihn prüfend an – nach kurzer Pause: »Sind Sie der Sohn?« – »Jawohl, Exzellenz.« Es stellte sich heraus: er war der Sohn eines Rekruten, der in der Kompanie des Leutnants von Berg beim 1. Garderegiment zu Fuß gedient hatte. Das war vierzig Jahre her oder länger.

Meine Mutter war sich ihrer Stellung sehr bewußt; das kam auf zweierlei Weise zum Ausdruck. Ihre Richtschnur war, was »man« tut, und noch wichtiger, was »man« nicht tut. Hierin war sie unbeirrbar und unbeugsam. Die Auskunft, der Einwand, die Feststellung »Das tut man nicht« war ein absolutes Verdikt, damit war jede Argumentation am Ende, danach gab es nichts mehr. Und was man tut oder nicht tut, das waren die Spielregeln der Gesellschaft – präziser gesagt, einer privilegierten Kaste –, die sich in langen Generationen herausgebildet hatten. Denn natürlich verlangten Privilegien auch eine Gegenleistung, ein ganz bestimmtes Verhalten. Wer dem nicht entsprach, wer sich daran nicht hielt, wurde automatisch aus der Gesellschaft ausgestoßen oder »nach Amerika geschickt«, wo er allen Beteiligten aus den Augen war.

Konvention, der Begriff, den eine spätere Generation mit so großer Heftigkeit bekämpft hat – konventionell ist ja zum Inbegriff alles Hohlen, Äußerlichen, Sinnlosen geworden –, war für meine Mutter und ihre Zeit etwas sehr Maßgebliches. Mir schien, daß zwar die Form im Sinn von Stil sehr wichtig ist, nicht aber die Konvention; gegen sie entwickelte sich auch bei mir sehr früh Widerspruch. Schätzen lernt man sie erst, wenn man gesehen hat, wie haltlos die Menschen ohne Konvention sind.

Im Zentrum jener Spielregeln stand die Ehre als ein aus ritterlichen Zeiten überkommenes Erbstück. Für die Ehre, dem König zu dienen, den Ahnen gerecht zu werden, das Vaterland zu schützen, dafür wurde vieles andere aufgegeben. Die Ehre war gewissermaßen die Komplementärgröße zu den Privilegien. Umsonst gibt es eben nichts, in keinem System.

Die Ehre verlangte absolute Loyalität gegenüber dem König und den bestehenden Wertvorstellungen. Dienst am Herrscher war damit zugleich auch Dienst am eigenen Interesse, denn auf solche Weise wurde für die Kontinuität der bestehenden Herrschaftsstrukturen gesorgt – obgleich die meisten sich über diesen Zusammenhang wahrscheinlich gar nicht im klaren waren. Bei der landangesessenen Aristokratie war es auch die Identität von Eigentum und Herrschaftsverhältnissen, die das Bündnis von Thron und Adel sicherte, das noch verstärkt wurde durch die Rolle, die der Adel in der Verwaltung spielte, vom Minister bis hinunter zum Landrat.

Die Spielregeln waren – auch dies ist wichtig – ein Schutzschild gegen allerlei Anfechtungen, sozusagen ein Sicherheitsgeländer, an dem man sich entlanghangeln konnte.

Was gegen die Ehre war, konnte nicht stattfinden, beispielsweise waren Ehescheidungen für Offiziere und hohe Beamte absolut indiskutabel und zogen den Verlust der Stellung nach sich. Schulden machen war fast ebenso schlimm; ein Leutnant, der mit Spielschulden zusammenbrach, meinte sich erschießen zu müssen. Oft tat er dies auch. Daß schon Schiller in »Kabale und Liebe« und Goethe in »Werthers Leiden« diese Art Wertordnung in Zweifel gezogen hatten, änderte nichts an deren Realität. Denn auch in ihrem Endstadium war diese Ordnung noch immer eine in sich ruhende, nach außen wasserdicht abgeschlossene Welt, die sich der Gültigkeit ihrer Maßstäbe sicher wähnte. Was die Dichter dichteten, das war eben Literatur und hatte mit der Wirklichkeit nichts zu tun.

Die landangesessene Aristokratie erhob ja im allgemeinen auch keinen Anspruch, zu der Welt der Dichter oder Intellektuellen zu gehören. Im Gegenteil, sie machte durchaus deutlich, daß dies nicht ihre Sache sei – teils aus Hochmut, teils aus dem Wunsch heraus, nicht bei falschen Prätentionen ertappt zu werden. Einer aus diesem Kreise hatte eines Tages einen Artikel geschrieben – allein dies schon ein leicht anrüchiges Unterfangen –, dann aber hatte er diesem auch noch den prätentiösen Titel gegeben *Ex oriente lux*. Seitdem hieß er nur »der Orientlux«.

Vielleicht kann man sagen, daß damals die Ehre etwa die Rolle spielte, die heute das Geld einnimmt. Sie war der Güter höchstes, und weil das Geld nicht so wichtig erschien wie heute, gab es auch die jetzt allenthalben üblichen Korruptionsaffären nicht.

Natürlich gab es, ungeachtet des »Geländers«, auch damals Affären. Aber sie hatten eher mit geheimen Liebschaften und mit Ehebruch zu tun als mit Geld. In solchen Fällen war das wichtigste, dafür zu sorgen, daß die Verfehlung nicht außerhalb der eigenen Schicht bekannt wurde. Ich erinnere mich der gelegentlichen Warnung: *»Pas devant les domestiques* – nicht vor den Dienstboten«, wenn bei Tisch irgendeine Klatscherei zur Sprache kam.

Ich sagte, meine Mutter war sich ihrer Stellung auf zweierlei Weise bewußt. Das zweite war das Gefühl, für alles verantwortlich zu sein, was sich im eigenen Herrschaftsbereich ereignete. Wurde jemand im Dorf krank, mußte für Pflege gesorgt werden. War es etwas Unkompliziertes, ging meine Mutter selber hin, um zu verbinden oder Medizin zu bringen; wenn es sich um einen schwierigen Fall handelte, wurde die Krankenschwester der Gemeinde geholt. Manchmal mußten auch die großen Schwestern bei einem der Alten im Dorf nachts Wache halten.

Während des Krieges hatte meine Mutter im Gemeindehaus ein Blindenheim eingerichtet, in dem etwa zwölf Blinde betreut wurden, und zwar ausschließlich von meinen beiden großen Schwestern, die damals siebzehn und achtzehn Jahre alt waren. Zur Hilfe hatten sie nur ein Mädchen zum Saubermachen.

Eines Sonntags wurde ich ins Dorf geschickt, um dem alten Altrock, der für die Schweine verantwortlich war und der krank zu Bett lag, Kuchen zu bringen. Ich war vielleicht zehn oder elf Jahre alt. Mit meinem Teller stand ich also vor seiner Tür und klopfte – keine Antwort. Schließlich betrat ich das Zimmer, und noch heute sehe ich das Bild deutlich vor mir, das ein tiefer Schreck unauslöschlich in mein Gedächtnis eingegraben hat: Da lag der Alte in seinem Bett unter einem hoch aufgetürmten Federbett, mit weit offenem Mund, das Gesicht wächsern gelb wie altes Pergament. Ein paar Fliegen summten um seinen Kopf. Instinktiv wußte ich: Altrock ist tot. Ich stellte den Teller auf den Tisch und rannte, so schnell ich konnte, nach Haus. Die nächsten Nächte konnte ich nicht schlafen, immer meinte ich, Altrocks Geist an meinem Bett zu sehen.

Meine Mutter war, wie gesagt, noch sehr der Konvention verhaftet, und vieles von dem, was sie sagte, empfand ich schon in jungen Jahren als Klischee. Eines Tages erklärte sie im Hinblick auf eine sehr gescheite Frau, die sich des längeren über Oswald Spenglers »Untergang des Abendlandes« ausgelassen hatte, ganz apodiktisch: »Frauen sind gar nicht imstande, Spengler zu verstehen.« Mich ärgerte das sehr, und ich beschloß, sobald ich groß sein würde, Spengler zu lesen – daß ich ihn verstehen könnte, schien mir unzweifelhaft, denn warum sollten Frauen beschränkter sein als Männer. Allerdings hatte ich ein paarmal erlebt, daß weibliche Besucher nicht in der Lage waren, sich einen Zug im Kursbuch selber herauszusuchen, was ich recht beschämend fand.

Das Verhaftetsein im Konventionellen wurde bei meiner Mutter in gewisser Weise durch ihre tiefe Frömmigkeit kompensiert. Sie akzeptierte jede Schicksalswende, auch wenn diese eine höchst unkonventionelle Situation herbeiführte. Eine Schwester von mir, die ein paar Jahre älter war als ich, wurde, als geistig gestörtes Kind geboren – mongoloid nannte man diesen Typ der unheilbaren Geisteskrankheit. Bis etwa zu meinem elften Lebensjahr lebten wir in der gleichen Kinderstube zusammen.

In einer Zeit, die weniger über Gott und mehr über Sigmund Freud nachdenkt, würde man diese Regelung sicher nicht verantworten wollen. Für mich war sie durch Gewohnheit zur Selbstverständlichkeit geworden und hatte auch mich gelehrt, Schicksalsschläge ohne Auflehnung zu akzeptieren.

Als diese Schwester erwachsen war, wurde sie nach Bethel geschickt. Dort blieb sie, bis wir erfuhren, daß die Nazis die Geisteskranken in einem Verfahren, das sie Euthanasie nannten, umbringen ließen. Mein ältester Bruder reiste sofort nach Bethel, wo Pastor Bodelschwingh seine Kranken tapfer verteidigte, aber zur Sicherheit nahm er sie mit nach Hause. Als es in Bethel wieder sicher war, brachte ich sie dorthin zurück; einige Jahre nach Kriegsende ist sie in Bethel gestorben.

Ich erinnere mich, wie sich am Vorabend des Zweiten Weltkrieges mein Vetter Gerti Kanitz über die Frömmigkeit meiner Mutter lustig machte. Er war ein begabter Mensch, intelligent, sehr musikalisch, aber eher zynisch; in der Republik von Weimar war er eine Zeitlang Reichsernährungsminister gewesen. Wir hatten an jenem Tag über alles, was uns nun bevorstand, gesprochen. Als er am Schluß mit spöttischer Miene sagte: »Deine Mutter hat ja ein sehr probates Gegenmittel, sie wird jetzt jeden Abend Andacht abhalten«, fragte ich ärgerlich: »Weißt Du etwas Besseres?« Heute, da ich dies schreibe, muß ich an die Geschichte vom Erdbeben denken: Ein gewaltiges Erdbeben hatte ein Dorf in Trümmer gelegt, die Überlebenden standen verzweifelt herum. Da kam ein Mann mit einem Bauchladen und rief seine Ware aus: »Pillen gegen Erdbeben, Pillen gegen Erdbeben ...« – »Was soll der Quatsch?«, schrien die erbosten Umstehenden. »Wißt ihr eine Alternative?« fragte der Mann, »dann sagt sie mir ...«

Besuche von lieben Verwandten

In meiner Kinderzeit, deren Beginn sich ja während des Ersten Weltkriegs abspielte, kamen nicht viele Gäste nach Friedrichstein,und nachdem mein Vater 1920 gestorben war, blieben die offiziellen Besucher, von denen Otto Hentig berichtet hatte, ohnehin aus. Aber einige sehr liebe Verwandte kamen häufig – an erster Stelle Tante Sissi Keyserlingk, die engste Freundin meiner Mutter. Sie war eine romantische, wunderbar warme Person, voller Phantasie, sehr musikalisch; sie hat das große epische Werk des englischen Dichters Robert Browning übersetzt und schrieb auch selbst Gedichte.

Anfang der zwanziger Jahre kamen die ersten, noch sehr unvollkommenen, privaten Rundfunkgeräte auf; ich erinnere mich, daß meine älteste Schwester zwanzig Kilometer über Land ritt, um einen dieser wundersamen Apparate in Augenschein zu nehmen. Auch Keyserlingks in Neustadt hatten sich einen solchen Kasten zugelegt. Als ich damals zum ersten Mal nach Neustadt mitgenommen wurde, saß Tante Sissi mit beseligtem Ausdruck vor ihrem Empfänger und flüsterte: »Eine göttliche Musik – Wagner.« Sie bedeutete mir, mich still hinzusetzen, damit ich der Freude teilhaftig werde, aber mit weit weniger Phantasie ausgestattet als sie, vernahm ich nur klägliche Töne, überlagert von gewaltigem Geprassel – als ob heftiger Regen auf ein Blechdach niederginge.

Bei diesem Besuch begleitete ich den sehr viel älteren Sohn des Hauses auf der Pirsch. Er schoß einen Auerhahn, was am Abend sehr gefeiert wurde – es schien ein seltenes Ereignis zu sein. Ich war geschmeichelt und kam mir sehr wichtig vor, weil er aller Welt verkündete, ich sei es, die ihm Waidmannsheil gebracht habe. Offenbar wollte Tante Sissi diesen Ruhm nicht verblassen lassen, denn einige Zeit danach bekam ich einen Brief von ihr, dem sie zur Erinnerung an das Ereignis ein kleines Plastik-Lesezeichen beigelegt hatte. Es war vom vielen Gebrauch ein wenig verbogen und mit Tinte bekleckert, und seinen Kopf zierte nicht etwa ein Auerhahn, sondern ein bunter Papagei: »Wir wollen das Tierchen als Auerhahn ansprechen«, erklärte sie lapidar.

Ihr Mann, Onkel Heinrich, war für mich ein Objekt ständigen Staunens. Erstens trug er auch im Zimmer stets diesselbe Mütze, die er draußen aufhatte, und noch verwunderlicher: er hatte eine Kanüle, wie ich sie bis dahin nur bei den Preyler Rennpferden gesehen hatte. Das heißt, im Hals, da wo sonst der Kragenknopf sitzt, steckte eine silberne Röhre, durch die er zusätzlich Luft bekam und die ich, wenn er sprach, fasziniert beobachtete, gespannt darauf wartend, daß irgendwann einmal seine Worte nicht aus dem Mund, sondern aus der Kanüle kommen würden; aber es kamen nur pfeifende Laute und gelegentlich ein wenig Spucke.

Damals wurde viel von einem Mann namens Coué geredet. Coué war ein französischer Apotheker, der Autosuggestion zur Heilung von Krankheiten propagierte. Man müsse nur irgendeine Behauptung mit großer Überzeugung immer von neuem wiederholen, dann – so die Zusicherung – werde aus dem Wunsch Wirklichkeit. Tante Sissi schrieb uns, es gehe Onkel Heinrich nicht gut und sie säße oft an seinem Bett und sage in einem fort: »Es geht Heinrich schon viel besser ... Es geht Heinrich schon viel besser ...« Der Brief endete mit der Mitteilung: »Aber stellt Euch vor, Heinrich hat es nichts genutzt. Statt dessen geht es mir täglich besser.«

Ein Gast, der selten kam, den ich aber sehr liebte, war Onkel Siegfried Eulenburg. Auch als Kind spürte man, daß dies jemand Ungewöhnliches war. Mich hatte er aus irgendwelchen Gründen in sein Herz geschlossen. Immer begrüßte er mich, indem er mir beide Hände entgegenstreckte – eine Geste, die ich nie erlebt oder bei anderen gesehen hatte und deren Herzlichkeit mich ganz und gar in Bann schlug. Onkel Siegfried war der letzte Kommandeur des 1. Garderegiments zu Fuß gewesen – der Stolz aller Preußen seit Friedrich Wilhelm I. Es war übrigens das Traditionsregiment für das spätere IR 9, das Regiment, das die meisten Offiziere im Widerstand gegen Hitler verloren hat. Siegfried Eulenburg wurde im Ersten Weltkrieg mit dem *Pour le mérite* mit Eichenlaub ausgezeichnet – eine damals ganz seltene Auszeichnung.

Ein Freund von uns, Kurt Plettenberg, der im Ersten Weltkrieg zu Onkel Siegfrieds Regiment gehört hatte, erzählte eine Begebenheit, die mich sehr beeindruckte. Die beiden saßen irgendwo in Rußland in einem Bauernhaus und spielten Schach, weil es ein ruhiger Abend war, ohne feindliches Feuer; plötzlich stand Eulenburg auf, das Schachbrett mit den Fingern vorsichtig balancierend, und sagte zu dem verblüfften Plettenberg: »Komm, gehen wir lieber auf die andere Seite des Hauses.« Eine halbe Stunde später schlug eine Granate ein und brachte den Teil des Hauses zum Einsturz, in dem sie zuvor gesessen hatten.

Als im Januar 1945 die Russen kamen und wir uns alle auf die Flucht begaben, bestieg Onkel Siegfried seinen »Landauer«, setzte einen jungen Burschen neben sich auf den Bock und seine Frau – eine gestrenge Schweizerin – in den Fond des Wagens, dann kutschierte er gen Westen. Er fuhr annähernd zweitausend Kilometer bis zum Bodensee, wo die Eltern seiner Schwiegertochter, der Staatssekretär Ernst von Weizsäcker und dessen Frau, ein Haus hatten.

Als seine Frau starb und er sehr sorgfältig den Grabstein ausgesucht hatte, ließ er neben dem ihren auch gleich seinen eigenen Namen mitsamt dem Geburtsdatum einmeißeln, so daß später nur noch Tag und Jahr seines Todes hinzugefügt werden mußten. Er wollte nicht, daß anderen Leuten später mehr Kosten entstünden als unbedingt nötig. Sein Geburtsdatum: 10.10.1870 – er war also fünfundsiebzig, als er die Heimat verlassen mußte.

Ein anderer Onkel, der in ganz Ostpreußen als Unikum bekannt war, ist in meiner Kinderzeit nur einmal nach Friedrichstein gekommen, Onkel Carol Lehndorff. An jenem Tag kam er aus Königsberg mit einem Taxi, und mit diesem fuhr er auch weiter zu seinem hundertfünfzig Kilometer entfernten Besitz Steinort. Allein dies war eine Sensation: Ein Taxi benutzte man in der Stadt, aber man fuhr mit ihm doch nicht über Land; daß das überhaupt ging, war höchst verwunderlich.

Eines Tages hatte Onkel Carol, der immer ausgefallene Ideen hatte, uns Kinder – also alle Lehndorffs und mich – eingeladen. Bedingung: ohne Erwachsene. Steinort war ein herrlicher, großer Besitz – am Rande des Mauersees –, der seit vierhundert Jahren in der Familie war. Das alte, nicht sonderlich schöne Haus war leicht verwahrlost, weil seit einem halben Jahrhundert keine Hausfrau mehr dort gewaltet hatte; unter dem skurrilen Junggesellen Carol Lehndorff war es auch nicht gerade wohnlicher geworden. In meinem Zimmer, das offenbar unter permanenter Nässe litt, hatte man kurzerhand die abgefaulten Füße des Holzbettes durch zwei übereinandergelegte Ziegelsteine ersetzt; die Vorhänge waren von Motten zerfressen und alle Möbel von äußerster Gebrechlichkeit. Als jemand ein Fenster öffnete, um uns etwas zuzurufen, fiel das Fenster samt dem Rahmen auf den Vorplatz.

Onkel Carol, den eine Bande so junger Kinder – wir waren alle zwischen dreizehn und sechzehn – königlich amüsierte, erklärte, wir könnten tun und lassen, was wir wollten, wir sollten nur pünktlich zum Abendessen zurück sein. Offenbar hatte er sich eine Überraschung für uns ausgedacht.

Abends veranstaltete er dann auch wirklich etwas Ungewöhnliches: Ein Wettessen mit Möweneiern – für den Sieger war ein Preis ausgesetzt. Ich weiß nicht mehr, wer ihn gewann, aber jedenfalls verspeisten wir Dutzende dieser grünmarmorierten Eier, und als wir gar nicht mehr konnten, gab es obendrauf noch Schokoladencreme.

Der Erfolg war überwältigend. Mir war am nächsten Morgen hundeelend zumute, mit Mühe raffte ich mich auf und fand die meisten der anderen bleich und stumm in ihren Betten liegend – beim jüngsten stand neben dem Kopfende des Bettes ein großer, weißer Emailleeimer.

Nicht nur bei unserem Besuch war der Eßtisch in voller Länge besetzt. Im Sommer hielt sich stets eine Vielzahl von Besuchern in Steinort auf, denn Onkel Carol pflegte auf seinen Reisen alle Leute, die ihm gefielen, einzuladen. Die kamen dann irgendwann einmal samt Kindern angereist und blieben zuweilen wochenlang. Onkel Carol hatte meist keine Ahnung mehr, wer sie waren. Wenn es ihm zu bunt wurde, zog er sich einfach zurück. Die Jungen durften Onkel Carol gelegentlich besuchen, wenn er sich in seine zwei kleinen, meist verdunkelten Zimmer zurückgezogen hatte. Hans Lehndorff hat diese Besuche beschrieben: »Meistens lag er im Bett, einen Kneifer auf der Nase, las irgend etwas oder betrachtete Münzen und Münzkataloge. Die Schränke, zwischen denen man sich hindurchschlängeln mußte, um an sein Bett zu gelangen, enthielten mit etwa 280.000 Stück die wohl größte preußische Münzsammlung der Zeit. Er hatte sie im Laufe seines Lebens zusammengebracht und dabei großes Fachwissen erworben. Ständig korrespondierte er mit Numismatikern und hatte fast immer einen von ihnen, oder mehrere, über Wochen und Monate bei sich zu Gast.«

Carol Lehndorff hatte eine ziemlich wilde Jugend hinter sich gebracht: viel Geld ausgegeben, große Schulden gemacht, die Welt kreuz und quer bereist und die Verwandtschaft durch abenteuerliche Unternehmungen aufgeschreckt. Jetzt war er alt. Aber es gab immer neue Geschichten, die sich rasch verbreiteten und die allgemein kolportiert wurden. Als im Herbst 1933 das erste Erntefest nach der »Machtergreifung« gefeiert wurde und die Leute zum Schloß kamen, um die Erntekrone zu überbringen, stand er auf dem Balkon und hielt eine kleine Ansprache. Er wollte sie der neuen Zeit entsprechend beenden, setzte an ... pausierte einen Moment, blickte ratlos um sich: »Donnerwetter, wie heißt der Kerl doch gleich?« und schließlich: »Na, denn Waidmannsheil!«

Die beste Geschichte von ihm erzählt mein Vetter Hans Lehndorff in seinem Buch »Menschen, Pferde, weites Land«. Für seinen Militärdienst war Carol in eine kleine pommersche Garnison verbannt worden, wo es angeblich einen besonders strengen Kommandeur gab; der, so hoffte die Mutter, würde den unberechenbaren und verschwenderischen Sohn zur Raison bringen.

Carol pflegte jeden freien Sonntag nach Berlin zu den Rennen in Karlshorst zu fahren, wo er seine Freunde traf und gelegentlich auch selbst in den Sattel stieg. Auch der Kommandeur fuhr gern am Sonntag zum Rennen nach Karlshorst. Er brach stets nach dem Hauptrennen auf, um den letzten Zug nicht zu versäumen, und es verwunderte ihn sehr, daß Carol stets seelenruhig auf dem Rennplatz blieb und dennoch am nächsten Morgen pünktlich um 6 Uhr zur Stelle war. Des Rätsels Lösung: Carol benutzte einen Güterzug, der nachts in die gewünschte Richtung fuhr. Dieser aber nahm nur Leute mit, die Vieh beförderten. Darum ließ er sich jedesmal durch seinen Burschen ein Schaf besorgen und reiste dann als dessen Begleiter.

Als der Kommandeur, der sich über die merkwürdige Ansammlung von Schafen im Pferdestall wunderte, den kausalen Zusammenhang seiner beiden Verwunderungen ergründet hatte, beschloß er, den Frühdienst vorzuverlegen. Der Güterzug traf immer um 5.30 Uhr ein, der Dienst begann um 6 Uhr; also setzte er von nun an den Dienst auf 5.30 Uhr an.

Aber, o Wunder, in Karlshorst spielte sich die übliche Szene ab: Der Kommandeur brach auf, der Leutnant blieb sitzen und machte keinerlei Anstalten, den Rennplatz zu verlassen. Aus irgendeinem Grunde wurde der Kommandeur auf dem Weg zum Bahnhof aufgehalten, so daß er den letzten Zug verpaßte. Ratlos wandte er sich an den Bahnhofsvorsteher: »Sie haben Pech«, sagte der, »normalerweise fährt immer ein Leutnant mit einem Schaf in dem Güterzug mit, da hätten Sie sich natürlich anschließen können, aber der kommt erst um 5.30 Uhr in Ihrem Standort an.« Nach einigem Nachdenken fiel dem Bahnhofsvorsteher die Lösung ein: »Der Leutnant fährt heute mit einem Extrazug gegen Mitternacht, und wenn Sie ihn bitten, nimmt er Sie sicher gern mit.«

Wir Kinder – jedenfalls wir drei jüngsten – sahen unsere Eltern selten; sie lebten unten, wir wohnten oben mit der Kinderfrau, aßen für uns, spielten für uns. Abends kam meine Mutter zum Beten herauf, und wenn Gäste da waren, mußten wir zum Gute-Nacht-Sagen herunterkommen. Wenn ich darüber nachdenke, muß ich sagen, daß ich weder von den Eltern noch von den häufig wechselnden Erzieherinnen Wesentliches gelernt habe, sondern eigentlich nur durch die Atmosphäre des Hauses und auch von den Leuten, zwischen denen sich unser Leben abspielte; denn natürlich entwichen wir unseren Aufsehern, sobald sich das irgend machen ließ, und liefen in die Tischlerei, den Pferdestall oder die Gärtnerei, wo es viel interessanter war als im Schloß. Die Gärtnerei war besonders verlockend zur Zeit der reifenden Weintrauben; das Treibhaus war zwar stets verschlossen, aber wir waren geübt im Einbrechen. Ich habe noch heute eine Narbe am Bein, die daher rührt, daß die Großen mich zwangen, durch eine schmale Luke zu kriechen, die sie eingeschlagen, aber nicht ordentlich von Glasscherben gesäubert hatten.

Verantwortung zu tragen, das wurde uns nicht gepredigt, das ergab sich einfach in der Gemeinschaft. Unsere Spielgefährten waren die Dorfkinder, und es war klar, daß wir es waren, die für zerbrochene Fensterscheiben oder abhanden gekommenes Werkzeug die Schelte bekamen – dafür sorgten schon die Handwerker, die keineswegs glimpflich mit uns umgingen. Petzen, sich drücken und einwenden, das waren nicht wir, das war der und der, das wäre ganz gegen unsere an Karl May geschulten Begriffe von Edelmut und Fairneß gewesen. Wir waren es, und damit basta. Und da einer von uns ja auch meist der Anführer aller Unternehmungen war, verstand sich das von selbst.

Zum Ehrenkodex gehörte auch, sich Schmerzen nicht anmerken zu lassen. Wer gejammert hätte, wenn er sich beim Klettern oder beim Hüttenbau oder bei Wettkämpfen verletzt hatte, wäre der Verachtung aller anderen anheimgefallen. Ich erinnere mich an eine Szene, wo die vier Großen sich Weidenruten um die nackten Beine schlugen, weil sie sehen wollten, wer zuerst schreit. Mangels Ergebnis wurde das Unternehmen nach einiger Zeit abgebrochen. Wenn doch keiner weich wurde, machte es keinen Spaß.

Die meisten Unglücksfälle ereigneten sich beim Reiten. Jeder hatte im

Laufe der Jahre irgendein gebrochenes Glied aufzuweisen – einmal lagen gleich zwei der Großen zur selben Zeit im Krankenhaus in Königsberg: meine Schwester Yvonne hatte einen Wirbel gebrochen, mein Bruder Dieter den Oberschenkel.

Eines Tages war ich mit meinem ältesten Bruder unterwegs, wir hatten beide junge, etwas unberechenbare Pferde. An einem Graben machte meine Stute einen so gewaltigen Satz, daß ich über ihren Kopf hinwegschoß. Ich lag am Boden, hatte aber den Zügel in der Hand behalten, glücklicherweise, denn es war sehr weit bis nach Haus. Mein Arm schmerzte sehr. »Macht nichts«, meinte mein Bruder, »steig nur wieder auf, sonst kommen wir zu spät«; gebrochen könne der Arm nicht sein, meinte er, sonst würde ich viel größere Schmerzen haben. Ich zog mich also am Sattelknauf hoch, verspürte einen gewaltigen Schmerz und hörte einen leisen Knacks. Da aber die brüderliche Diagnose allen einleuchtete, wurde nichts weiter unternommen, nur die Gemeindeschwester bestellt, um den Arm zu massieren. Am nächsten Tag waren die Schmerzen so unerträglich, daß ich zum Röntgen nach Königsberg geschickt wurde; und siehe da, der Arm war gebrochen, und zwar waren beide Knochen durch, der dicke und der dünne. Letzterer wohl beim Wiederaufsteigen, wie der Doktor meinte, dem ich den Vorgang beschrieb.

Zu Hause herrschte im allgemeinen ein sehr strenges Regiment. Vieles – mehr als man erwarten sollte – war verboten. Und insofern hatten wir eine vergnügliche Jugend, denn das gab die Berechtigung, uns auf die Weise zu widersetzen, die allein uns zu Gebote stand, nämlich: die Weisungen zu mißachten. Nichts macht ja mehr Vergnügen, als Verbote zu übertreten.

Wenn den Großen gelegentlich aus irgendwelchen Gründen eine Strafe verordnet wurde, durften sie ein paar Tage nicht reiten. Also beschlossen sie, nicht am Tag zu reiten, sondern »vor Tau und Tag«. Mit dem Nachtwächter wurde ein Komplott geschmiedet: Er mußte um vier Uhr morgens an einem langen Bindfaden ziehen, dessen Ende aus dem Fenster im zweiten Stock hing, während das andere am Kopfkissen des zu Weckenden befestigt war. Um vier Uhr fuhr der Schläfer erschrocken hoch, weckte die anderen, und dann sattelten sie die Pferde. Um sechs lagen alle wieder in ihren Betten und wurden vorschriftsmäßig um sieben Uhr geweckt.

Verboten war auch, daß wir Kleinen allein, ohne Erwachsene, mit Gewehren bewaffnet loszogen. Mit einem Luftgewehr auf Spatzen zu schießen, das war zulässig, aber auf keinen Fall durften wir uns mit einer Büchse oder Schrotflinte bewaffnen. Eines Tages war ich in Waldburg bei den Dohnas. Es war März und noch sehr kalt. Wir hatten festgestellt, daß erstens die Wildgänse zogen, was uns elektrisierte, denn das war die aufregendste Jagd von allen, und daß zweitens sämtliche Erwachsenen weggefahren waren.

So stürzten wir uns auf den großen Gewehrschrank und rüsteten uns mit Flinten und Patronen aus: Schrot Nr. Null – das ist das gröbste Schrot, das es gibt. Man könnte damit ohne weiteres einen Bock oder auch einen Keiler erlegen; Schrot Nr. Sieben zum Beispiel, wie man es auf der Hühnerjagd verwendet, wäre an dem fettigen Federpanzer der Wildgänse einfach abgeprallt.

Die Dohna- und Lehndorff-Jungen – wir waren alle vierzehn- und fünfzehnhjährig – hatten sich die besten Gewehre herausgesucht, für mich blieb nur eine alte Hahnflinte von einer Art, wie ich sie noch nie gehandhabt hatte. Schließlich zogen wir los und verteilten uns auf die überschwemmten Wiesen in der Hoffnung, daß die Gänse zur Nacht dort einfallen würden. Mit mir war der jüngste der Dohna-Vettern, der unbewaffnete, zwölfjährige Konstantin. Wir standen bis zur halben Wade im eisigen Wasser und lauschten vergeblich – nichts rührte sich. Allmählich wurde es immer dunkler, und wir beschlossen, nach Hause zurückzukehren.

Im Ersten Weltkrieg spielten die großen Geschwister mit den Dorfkindern Krieg – mein jüngster Bruder bildet den Abschluß dieses Aufgebots.

Auf dem Heimweg kamen wir an einen sehr breiten Graben, über den provisorisch zwei Stangen – nicht Bretter – gelegt waren; gerade wollten wir auf die andere Seite balancieren, als ich herannahende Gänse hörte. Mit klammen Fingern spannte ich die Hähne der Flinte, suchte den dunklen Himmel ab, konnte sie aber nicht erspähen. Wir blieben noch eine Weile stehen, dann mußte Konstantin als erster über den Graben, um die Flinte in Empfang zu nehmen, damit sie nicht womöglich mit mir ins Wasser fiele. Ich reichte sie ihm herüber, mit dem Kolben ihm zugewandt, den Lauf auf mich gerichtet.

Kaum hatte er sie berührt, gab es einen gewaltigen Knall, ich sah noch einen Feuerstoß, dann fiel ich hintenüber. Ich hatte vergessen, die Hähne zu entspannen, und er war an den Abzug gekommen. Der herbeigeeilte Förster sagte ganz benommen: »Jetzt hast du sie totgeschossen.« Weiß Gott, dachte ich, jetzt bin ich tot – kein Wunder: mit Nr. Null konnte es ja auch gar nicht anders sein. Aber die Ladung war auf Millimeterbreite an mir vorbeigegangen, meine Jacke war nur auf der rechten Seite leicht versengt. Ziemlich beklommen trotteten wir beide heim.

Die großen Geschwister sah ich nicht viel häufiger als die Eltern. Sie waren meist mit anderen Dingen beschäftigt. Wenn sie meiner ansichtig wurden, nutzten sie mich für Botengänge aus, was ich aber nicht ungern

Oberkutscher Grenda mit den vier Großen.

hatte, weil es mir eine gewisse Wichtigkeit verlieh. Ich glaube, daß ich durch sie und die ungerechtfertigte Strenge, die sie mir angedeihen ließen, einiges gelernt habe.

Bei all ihrer zur Schau getragenen Härte waren sie immer dann voller Rücksicht, wenn mir oder jemand anderem etwas zugestoßen war. Sie hatten viel Phantasie, waren einfallsreich und witzig – unanständige, geschweige denn obszöne Witze habe ich von ihnen nie gehört.

Und was mir erst viel später auffiel, sie sprachen nie, wie so viele andere Leute, über sich selbst. Im Gegenteil, es wurde auf äußerste Diskretion Wert gelegt, wenn es um einen selbst, und auf Verschwiegenheit, wenn es um den anderen ging.

Die eigentlichen Lehrmeister …

Wenn ich an zu Hause denke, steht im Vordergrund der Eindruck einer gewachsenen Gemeinschaft, wobei wir Kinder zweifellos eine gewisse Rolle spielten, denn wir waren so etwas wie ein Kugelgelenk zwischen oben und unten. Als ich eingesegnet wurde, was in der Vorstellung der meisten Leute gleichzusetzen ist mit »ins Leben treten«, sagte Kutscher Grenda zu meiner Mutter: »Na, Exzellenz, nun haben wir sie alle durch, und ich denke, wir können ganz zufrieden sein.«

Über Grenda und einige der anderen herausragenden Persönlichkeiten unserer näheren Umgebung, die großen erzieherischen Einfluß auf mich hatten, muß ich hier etwas eingehender berichten. Grenda wurde von den Stalljungen und auch von uns Kindern »der Ober« genannt. Er war aber auch ohne jede Frage eine Autorität – zumindest regierte er auf eine höchst autoritäre Weise, an deren Berechtigung ihm wohl nie ein Zweifel kam. Wahrscheinlich war er als junger Soldat Feldwebel in seiner Einheit gewesen, jedenfalls glaubte er an das Militär als die einzig bewährte Erziehungsanstalt. »Der muß jetzt erst mal zum Kommiß, damit die 'n Menschen aus ihm machen«, pflegte er über seine Stalljungen zu sagen. Und dafür leistete er dann die in seinen Augen notwendige Vorarbeit.

Mit uns sprang er nicht viel anders um. Wenn es ihm aus irgendeinem Grunde nicht paßte oder er auch nur seine Macht zeigen wollte, erklärte er: »Heute wird nicht geritten – ihr habt gestern wieder so gejagt, daß der

Der erste Schnitt vom Klee, in ›Kepse‹ gesetzt, bleibt auf dem Feld, um im Herbst eingefahren und im Winter verfüttert zu werden.

Wenn im Herbst das Getreide in Hocken zusammengerückt ist, dann bieten die Stoppelfelder eine herrliche Gelegenheit zu langen Galopps.

Dies sind wohl die einzigen Felder, die noch in der alten Weise abgeerntet werden – kein Zapfwellenbinder hat die Poesie genommen.

Blühende Disteln, Schafgarben, Schaumkraut, die der ›fortschrittliche‹ Landwirt gern vertilgt – hier gedeihen sie noch unbekümmert.

Die glücklichen Störche,
sie ziehen noch in jedem
Frühjahr gen Nordosten
und beziehen wieder ihre
alten Nester.

Das Schloß wurde in der ersten Nacht von den Russen in Brand gesteckt und Jahre später gesprengt. Übrig blieben nur die zum großen Teil verfallenen Gutsgebäude.

Das Rad der Geschichte kann niemand zurückdrehen. Von dem einst mehrere Gutshöfe umfassenden Besitz ist nur das geblieben, was immer schon war: Landschaft, bäuerliche Menschen, schwere Arbeit.
So als stünde die Zeit still, gibt es immer noch viele der alten, behäbigen Bauernhäuser in der Pregelniederung um Friedrichstein.

Rappe ganz schwitzig war, der hustet jetzt.« – »Aber der Fuchs ... «, wandte man ein. »Der Fuchs geht ganz klamm, der darf heute auch nicht raus.« Glücklicherweise hatte aber auch »der Ober« eine Schwäche: er rauchte gern gute Zigarren. Wenn wir ganz sicher sein wollten, auf keine Einwände zu stoßen, klauten wir zu Haus Zigarren und brachten sie ihm – das hatte stets einen entwaffnenden Effekt.

Und auf noch etwas anderes war Verlaß: Grenda war immer auf unserer Seite. Wenn der Hauslehrer oder eine Erzieherin uns suchte, weil wir längst hätten Schularbeiten machen müssen, und Grenda sie kommen sah, schloß er uns schnell in der Sattelkammer ein und schwor Stein und Bein, bei ihm sei niemand gewesen.

Die Sattelkammer war übrigens ein Schmuckstück. Es duftete nach frisch gewienertem Leder, und die Schnallen glitzerten wie auf Hochglanz poliertes Silber. Am Sonntag war der ganze Stall – der Kutschstall, die Arbeitspferde standen auf dem Hof – eine einzige Augenweide. Es gab zwei Boxen für Ponys, zwei für Stuten mit Fohlen und acht Stände, in denen die Fahr- und Reitpferde nebeneinander aufgereiht standen. Am Sonntag wurde jeder dieser Stände mit weißen gekreuzten Riemen quasi verschlossen; davor lag eine geflochtene Strohmatte, die von einer roten Schnur durchzogen war.

Unsere große Passion war es, Pferde zu putzen. Das wollte gelernt sein: Mit ausgestrecktem Arm, in großer ausholender Geste, wurde die Kardätsche geschwungen und dann mit dem gleichen Schwung die Bürste am Striegel abgestrichen. Schwierig war es freilich, an der Stelle, wo sonntags die Strohmatten lagen, zwölf etwa zwanzig Zentimeter lange Striche von dem Staub, den man zusammengebürstet hatte, anzulegen – das aber verlangte »der Ober«, wenn wir ernst genommen werden wollten.

Auf solche Weise habe ich vieles gelernt. Beim Chauffeur Vergaser auseinandernehmen, in der Tischlerei hobeln und fugen; wahrscheinlich steckte dahinter der Ehrgeiz, zu beweisen, daß man als Schloßbewohner genauso tauglich war wie die anderen auch.

Im Osten konnte übrigens jedermann sich mit jedem Handwerk zurechtfinden; ein bißchen mauern, tischlern, klempnern konnte jeder auf dem Lande. Ein bei uns besonders beliebter Handwerker war der Tischler, Meister Klein. Bei ihm lernten die Brüder sachgemäß mit Holz umzugehen, am Schluß konnten sie sogar Fenster anfertigen. Die Bohrmaschine durfte ich nicht anfassen, ich war zu klein; aber einfache Bretter hobeln, das konnte auch ich. Als Meister Klein alt war und nicht mehr mit schwerem Holz hantieren konnte, wurde ihm eine besondere Pflicht anvertraut: Er mußte jeden Morgen die Standuhren in den verschiedenen Zimmern im Schloß aufziehen.

In einem so großen Haus gab es alle möglichen Verrichtungen, mit denen einer, der sich verdient gemacht und außerdem das Vertrauen der Umwelt erworben hatte, betraut wurde. So war es Webers Aufgabe, in einem großen Korb, den er sich auf den Rücken hängte, Holz für die Öfen im Haus zu verteilen. Es gab, als ich Kind war, noch keine Zentralheizung, sondern nur in jedem Zimmer Öfen und Kamine. Unvergeßlich das erste Geräusch, das man am Morgen beim Wachwerden wahrnahm: Webers schwere Schritte auf der Treppe.

Seine Frau betreute das an einem Teich gelegene Waschhaus, in dem alle vierzehn Tage mehrere Kubikmeter Wäsche gewaschen und dann in einem riesigen Trockenschuppen zum Trocknen aufgehängt wurden. Zur Bewältigung dieser Arbeit wurden jedesmal sechs bis acht Frauen aus dem Dorf geholt, die unter großem Geschnatter in gewaltigen Bottichen die Laken und Handtücher wuschen. Der nächste Arbeitsgang wurde dann im Schloß vorgenommen; dort stand in der Plättstube ein riesiger Apparat, in dem, von Feldsteinen beschwert und durch ein großes Schwungrad bewegt, das ich gelegentlich drehen durfte, Rollen hin und her über Laken strichen und sie glätteten.

Auch plätten lernte ich unter der Ägide der Mädchen, deren Gesänge bei dieser Gelegenheit durch das Souterrain des Hauses tönten und mich immer wieder anlockten. Besonders die sentimentalen Lieder wie »Am Holderstrauch« hatten es mir angetan.

Auch die Mädchen waren meist auf unserer Seite. Wenn die Strafe »ohne Abendbrot ins Bett« verhängt wurde, fand man gewöhnlich im Nachttisch einen Teller mit belegten Broten. War es die Solidarität der Unterprivilegierten mit den Unterdrückten, die sich da manifestierte, oder war es nur das ganz normale Zusammenhalten der Jungen gegen die Alten?

Es muß Anfang der zwanziger Jahre gewesen sein, als die ersten zwei elektrischen Lampen im Schloß Helligkeit spendeten. Die eine beleuchtete die Treppe, die andere ließ ein Zimmer, in dem wir uns von da an allabendlich zum Lesen versammelten, in vollem Licht erstrahlen. Das war eine große Veränderung, die möglich wurde, weil man in die alte Mühle, die nur einhundert Meter entfernt stand, eine Turbine eingebaut hatte.

Wenn ich mich der wichtigsten Personen meiner Jugend erinnere, so spielen darin noch drei Figuren eine besondere Rolle – gefürchtet die eine, über alle Maßen geachtet die beiden anderen. Fräulein Quednau, die Jungfer meiner Mutter, war gefürchtet, weil sie petzte. Wahrscheinlich tat sie es, um sich das Vertrauen meiner Mutter zu erhalten. Quedchen, so nannte meine Mutter sie; für uns war sie »die Quecke«, was eine spezielle Art von Unkraut ist. Eines Tages bekam sie eine Beule am Mund, die geschnitten werden mußte, was Grenda, der sie nicht leiden konnte, zu der Bemerkung veranlaßte: »Jeder wird jestraft, wo er jesündigt hat. Bei der kann man es so richtig sehen.« Quedchen konnte sehr gut schneidern. Sie nähte Kleider für meine großen Schwestern, in die ich dann hineinschlüpfen mußte, wenn jene aus ihnen herausgewachsen waren.

Ein über alle Maßen Geachteter war der Diener Fritz Diering. Ein ernster, äußerst korrekter Mann, der alles konnte, nicht nur, was zu seinem Metier gehörte; er führte auch die verschiedensten Reparaturen aus und

Anläßlich des Besuchs der Kaiserin sind alle Diener, Kutscher und Hausmädchen angetreten. Im Vordergrund in der Mitte mit Spitzbart der von uns sehr geliebte Meister Klein.

verstand sich sogar auf das Züchten von Melonen. Schließlich aber ist er noch zum Volkssturm eingezogen worden und zu unserem allergrößten Kummer nie wiedergekommen.

In allen Landhäusern war das Verhältnis zum Diener immer ein ganz besonders enges und herzliches. Als in Preyl bei den Lehndorffs der Diener Albert, den wir Kinder innig liebten, weil er immer lustig war, starb, bin ich zur Beerdigung gereist, das war ganz selbstverständlich.

Als Fritz das generelle, häufig vergessene Gebot, nicht mit schmutzigen Stiefeln ins Haus zu kommen, eines Tages von sich aus erneuerte, wurde es sofort beachtet, denn es war einzusehen, daß er sonst mehr Arbeit haben würde; darum zogen wir von Stund an die Schuhe am Eingang zur Halle aus – wie die Dorfleute, die ihre Holzpantinen vor der Tür ließen, wenn sie kamen, um den Eltern einen Wunsch vorzutragen. Die Erziehung durch die Hausleute und Handwerker war eben wirklich viel nachhaltiger als durch jene Theoretiker, die dafür angestellt waren.

Fritz wußte alles und interessierte sich für alles. Eines Tages erklärte er mir, ein bestimmter Teppich, der repariert werden sollte, sei kein Kelim, wie ich gesagt hatte, sondern ein Buchara. »Wer sagt denn das?« – »So steht's im Hasenbalg«, antwortete er, »und der Graf hat gesagt, das sei das beste Buch über Teppiche, dort ist es.« Dabei zeigte er auf einen dicken Band in einem Bücherregal, den ich noch nie bemerkt hatte.

Fritz hatte ganz recht, sich für Teppiche zu interessieren. Abgesehen von den sehr schönen Gobelins, die im 18. Jahrhundert genau nach Maß für zwei Räume in Friedrichstein in Flandern gewebt worden waren, hatte mein Vater sein Leben lang Teppiche gesammelt. Sie wurden im Winter auf dem Rasenplatz vor dem Schloß ausgebreitet und auf dem Schnee geklopft, weil, wie der Vater sagte, dies die schonendste Behandlung sei. Hartes Bürsten, das nur das Gewebe beschädigte, war streng verboten.

Es war ein phantastischer Anblick, wenn der riesige Rasenplatz zur Hälfte dicht bei dicht mit Teppichen verschiedenster Größe belegt war, und eine Schar von Mädchen und Dorfbewohnern in einem ganz bestimmten Rhythmus, den sie spaßeshalber erdacht hatten, die Klopfer schwangen. Bis zum nächsten Neuschnee blieben dann absonderliche Muster von Rechtecken und Quadraten zurück, teils heller, teils dunkler Schattierung, je nach der Staubmenge, die herausgeklopft worden war.

Eine ganz unvergeßliche Persönlichkeit war der Obergärtner Krebs, ein Riese mit dickem Bauch und hochgezwirbeltem blondem Schnurrbart, der über ein stattliches Heer von Hilfskräften gebot. Er ging stets mit einem Stock und trug immer einen Strohhut. Eine unbeirrbare Ruhe ging von ihm aus, und das war wahrscheinlich der Grund dafür, daß er bei jedem Gewitter im Schloß erscheinen mußte. Wenn der erste Donner grollte, mußten wir aufstehen und uns versammeln, weil meine Mutter große Angst vor einem Blitzschlag hatte. Dann saßen wir alle mit roten Schlafröcken aus Flanell bekleidet da und warteten auf den großen Moment, wo »Krebschen« erscheinen und Geschichten von früher erzählen würde.

Für uns hatte Krebschen noch aus einem anderen Grunde eine besondere Faszination: Er besaß einen riesigen Uhu, mit dem er auf Krähenjagd ging, und manchmal nahm er eines von uns Kindern mit. Der Uhu wurde in der Morgendämmerung auf eine etwa zwei Meter hohe Stange gesetzt, die oben ein kurzes Querholz hatte. Man nannte diese Konstruktion »Jule«. Mit einer Kette war der Uhu an das Querholz gebunden; oft wartete man – in einem Busch verborgen – vergeblich. Aber manchmal kamen sie geflogen, Krähen, zuweilen auch andere Vögel, um nach ihm, der rollenden Auges auf der Stange saß, zu stoßen. Solange sie noch weit genug entfernt waren, so daß der kostbare Vogel nicht gefährdet wurde, schoß Herr Krebs, und wenn er traf, dann war die nächste Mahlzeit des Uhus gesichert.

Krebschen unterstanden die Orangerie, in der zur Winterzeit die Zitrusbäume untergebracht waren, die in großen Kübeln wuchsen und im Sommer vor dem Schloß Aufstellung fanden, ferner der Garten mit dem Traubenhaus und schließlich ein sehr großer Gemüsegarten mit vielen Mistbeeten, denn natürlich war ein solcher Haushalt auf dem Lande hundertprozentig autark. Nichts wurde gekauft, alles selber produziert, Eier, Gemüse, Obst. Konsumiert wurde alles zu seiner Zeit, also immer dann, wenn die Zeit für das jeweilige Obst oder Gemüse gekommen war.

So wurde eben wochenlang erst Spinat gegessen, dann kamen Erbsen dran, bis sie zu Kanonenkugeln herangereift waren; danach gab es Mohrrüben. Alles wurde überdies eingemacht oder in anderer Weise für den Winter präpariert: Mohrrüben im Sand eingegraben, Gurken in Steintöpfe eingelegt und der daraufgesetzte Holzdeckel mit einem Stein beschwert. Auch Fleisch wurde nie gekauft. Im Herbst und Winter gab es Wild, natürlich das ganze Jahr über Hammel- oder Kalbfleisch und alles, was der Hühnerhof zu bieten hatte. Wenn irgendein Erzeugnis besonders gut oder besonders groß geraten war, gereichte dies allen – Besitzer und Angestellten – zur Freude und zum Stolz. Eine Traube war von einem gar nicht schlechten Maler gemalt worden, ehe sie der Kaiserin geschickt wurde; Grund: sie hatte das exorbitante Gewicht von elf Pfund erreicht, wie auf dem Bild zu lesen stand. Oder: Eines Tages brachte einer der Fischer einen Hecht, der vierzig Pfund wog und der, um ihn in seiner imponierenden Größe zu erhalten, auf einem Plättbrett serviert wurde.

Selbstversorgung auf allen Gebieten

Höhepunkt der Selbstversorgung war das große Schlachtfest, das zweimal im Jahr stattfand und das auf Monate hinaus den Bedarf an Schinken und Würsten sicherstellte. Das war stets ein großes Vergnügen für die Küchenbelegschaft, die für diesen Zweck durch Frauen aus dem Dorf verstärkt wurde, denn bei dieser Gelegenheit gab es Schnaps und viel Gesang. Kein Staatsmann konnte über den Abschluß eines Vertrages stolzer sein als die Köchin – Mamsellchen genannt –, wenn sie nach anstrengenden Tagen die vielen Gläser mit Leberwurst und die langen Reihen von Schinken betrachtete.

Ein Tribut an die Selbstversorgung waren die Expeditionen, die unternommen wurden, um Pilze zu sammeln oder Waldhimbeeren. In solchen Fällen wurden auf einen Wagen mit großer, flacher Ladefläche zwei Reihen Strohballen gelegt, auf denen die Expeditionsteilnehmer – die Haus- und Küchenmädchen sowie wir Kinder – Platz nahmen. Zwei ruhige, geduldige Pferde wurden angespannt, denn das Unternehmen dauerte gewöhnlich einige Stunden. Unterwegs sangen wir alle – zu den beliebtesten Liedern gehörten: »Lustig ist das Zigeunerleben«, »Drei Lilien, die pflanzt ich auf mein Grab« oder »Am Holderstrauch, da weint ein Mägdlein sehr«. Überhaupt wurde früher – als es noch keine Musikkonserven gab – viel mehr gesungen; wenn die Leute mit den Leiterwagen zur Ernte aufs Feld fuhren, wurde gesungen, jedenfalls morgens, abends waren alle für gewöhnlich zu müde. Zu meinen frühesten und schönsten Erinnerung gehört der vielstimmige, traurige Gesang der russischen Kriegsgefangenen, die während des Ersten Weltkrieges auf dem Hof arbeiteten.

Zum Pilzesuchen wurde zu den Pregel-Wiesen gefahren. Sie waren weiß übersät mit den kleinen, runden Köpfen der jungen Champignons; stets gab es großen Wettstreit, wer wohl die meisten sammeln würde. Am Schluß waren die großen Kartoffelkörbe alle voll. Zu Haus wurden die Pilze dann zerschnitten und für den Winter getrocknet. Entweder in einem Spezialofen, in dem auch Backobst gedörrt wurde, oder sie wurden einfach auf Schnüre aufgezogen.

Das Pflücken der Himbeeren im Wald war lange nicht so begehrt. Zum einen gab es nicht so viele, zum andern war im Dickicht nur mühsam an sie heranzukommen, vor allem wegen der Brennesseln – aber lustig war es dennoch.

Ich erinnere mich gut, wie fragwürdig mir die Umstellung von der Selbstversorgung zur Marktwirtschaft erschien, die mein Bruder einleitete, als er den Besitz übernahm. Es sei Unsinn, meinte er, alles selbst herstellen zu wollen. Viel billiger sei es, die Hühner samt der Hühnerfrau abzuschaffen und die Eier zu kaufen. Man konnte voraussehen, daß der Garten eines Tages der gleichen Argumentation zum Opfer fallen würde, und so erhob sich allgemeines Wehgeschrei ob der hereinbrechenden Veränderung. Sicher war das eine richtige Maßnahme, aber es war auch ein Stück Abschied von der alten Welt.

Eine andere Tradition, die dahinging und der ich nachtrauerte, war das winterliche Eismachen. Die Erfindung des Eisschranks kannte man noch nicht, und so war das Problem zu lösen, wie man Fleisch und andere verderbliche Dinge konservieren könne. Für diesen Zweck gab es bei jedem Gutshaus einen Eiskeller, der irgendwo im Garten unter schattenspendenden Bäumen angelegt worden war. Es war ein niedriger, gemauerter Keller mit einem Strohdach – weil Stroh besser isoliert als Dachpfannen –, innen war er etwa einen Meter tief ausgeschachtet, die Außenwände mit Erde beworfen. Dort hinein wurde das Eis geschafft, das sich dann tatsächlich den ganzen Sommer lang bis zum Anfang des neuen Winters hielt.

Wenn das Eis auf dem See dreißig Zentimeter dick war, dann schickte der Oberinspektor acht oder zehn Männer, die sonst in der Landwirtschaft beschäftigt waren, zum Eismachen. Sie kamen mit Sägen und langen Stangen, an denen oben Haken befestigt waren; große Blöcke wurden der Länge nach aus dem Wasser gefischt, in Stücke gesägt und auf Schleifen zum Eiskeller gefahren. Das nahm den ganzen Tag in Anspruch und wuchs sich gewöhnlich zu einer Art Festveranstaltung aus, denn zur Erwärmung und Aufmunterung gab es Grog, der in großen Mengen konsumiert wurde.

Die Dorfjugend vergnügte sich derweil nebenan auf ihre Weise: Ein Pfahl wurde ins Eis eingeschlagen und an dessen oberem Ende eine vier oder fünf Meter lange Stange so befestigt, daß sie von ein paar Burschen im Kreis um diesen Pfahl gedreht werden konnte. »Krängel« hieß das Ganze. Es funktionierte wie ein Zirkel, der mit einem Schenkel festgestochen wird, während der andere sich konzentrisch um diesen festen Punkt bewegt. Am Ende der Stange wurden an Stricken Rodelschlitten angehängt, und je nachdem, wie schnell die Stange gedreht wurde, begann ein wildes Schleuderkarussell, das meist mit blauen Flecken, gelegentlich auch mit Gehirnerschütterung endete.

Es ist erstaunlich, wie erfindungsreich Kinder sind, wenn es nichts zu kaufen gibt. Um schwimmen zu lernen, schnitten wir uns armstarke Bündel Binsen, anderwärts Ried genannt, zurecht, verbanden sie mit Bindfäden und legten uns darauf; wer so glücklich war, zwei Schweinsblasen zu ergattern, der benutzte diese nach demselben Prinzip.

Aus Weidenzweigen, die etwa daumendick sein mußten, machten wir Pfeifen. Man schnitt ein Stück von etwa zwanzig Zentimeter Länge ab und klopfte es so lange mit dem wippenden Taschenmesser, bis die Rinde sich löste und man den eigentlichen Stock herausziehen konnte. Aus diesem schnitzte man zuerst ein Mundstück zurecht, machte dahinter eine Kerbe in die Rinde und steckte den verkürzten Stock dann wieder in die Rinde. Wer ganz geschickt war, konnte sich auf solche Weise sogar eine Flöte fertigen.

Ich war in meinen Gefühlen sehr hin und her gerissen: einerseits trauerte ich den alten Bräuchen nach, in anderer Beziehung konnte mir die Veränderung der Welt gar nicht rasch genug gehen. Eines Tages, als Halbwüchsige, vertrat ich die Meinung, es sei gut, daß das zu Friedrichstein gehörende Gut Ottenhagen aufgesiedelt werden würde. Meine Mutter, die im allgemeinen außerordentlich sozial war und viel für Wohltätigkeit tat, ärgerte sich über diese abtrünnige Feststellung und verbot mir, solchen Unsinn zu behaupten.

Ich unterließ jede Diskussion, weil ich mir sagte: Die alte Generation denkt halt anders, die muß man so lassen, wie sie ist. Es war mir auch schwer verständlich, daß es den Erwachsenen nicht unangenehm war, auf den großen Steinen vor der Haustür zu sitzen und Kaffee zu trinken, wenn die

Gespanne und die Landarbeiter nur fünfzig Meter entfernt am See entlang zur Arbeit zogen. Wenn ich sie kommen hörte, machte ich mich stets aus dem Staub.

Schlachterei und Eismachen waren lustige Abwechslungen, aber das wichtigste und begehrteste Fest des Jahres war zweifellos das Erntefest. Da gab es eine richtige Kapelle, die die ganze Nacht über zum Tanz aufspielte: Walzer und Polka für Alt und Jung. Das größte Hallo gab es immer, wenn die alten Omas aus dem Dorf sich auf die Tanzfläche begaben. Eröffnet wurde der Tanz, solange meine Mutter noch lebte, von ihr und dem Kämmerer, so wurde der Vorarbeiter genannt. Die beiden tanzten ein paar Runden ganz allein, und alle standen staunend und klatschend drum herum. Später übernahm mein ältester Bruder diesen Part; das war natürlich noch interessanter, denn er konnte sich das Mädchen für den Eröffnungsreigen aussuchen – welche wird es wohl sein? Das war natürlich schon Wochen zuvor eine spannende Frage.

Lange vor dem Tag des Festes wurde eine aus Ähren geflochtene Krone – die Erntekrone – ins Schloß gebracht. Überhaupt gab es bestimmte Rituale, die streng eingehalten werden mußten. Während das Erntefest die Beendigung der Ernte markierte, wurde der Beginn, also das Anmähen des ersten Getreides, feierlich mit der Sense von Hand bewerkstelligt und dann mit den ersten Halmen dem Chef der Arm »gebunden«; mein ältester Bruder, der Besitzer, auf diese Weise symbolisch zur Geisel genommen, mußte sich mit einem größeren Betrag auslösen, für den dann Bier und Schnaps gekauft wurde. Als Kind ging ich gern mit aufs Feld, um die merkwürdig mystischen Sprüche zu hören, die bei dieser Gelegenheit rezitiert wurden.

Damals wurde das Getreide noch mit einer von Pferden gezogenen, sehr simplen Maschine geschnitten. Später dann – ich war schon erwachsen – gab es Zapfwellenbinder, die hinter Treckern liefen, denn mein Bruder und ich hatten den Ehrgeiz, Friedrichstein zu einem in jeder Beziehung modernen und effizienten Betrieb zu entwickeln. Mit Hilfe von Professor Gerhard Preusschen wurden arbeitstechnische Aufrisse gemacht, ich malte Produktions- und Aufwandsstatistiken, und an arbeitssparenden Maschinen gab es alles, was die moderne Technik damals zu bieten hatte: Mähdrescher, Traktoren, Raupen, sogar pneumatische Gebläse auf dem Speicher. Wenn wieder einmal eine neue, teure Maschine gekauft wurde oder moderne Häuser für die Arbeiter gebaut worden waren, pflegten wir schon lange vor

1939 zu sagen: »Die Russen werden sich freuen.« Daß dieser Wahnsinnige Krieg machen und die Russen unsere Erben sein würden, stand für uns fest.

Aus jenen Jahren ist mir ein Erntefest in Quittainen, einer Stiftung, die meiner Familie gehörte, in besonderer Erinnerung. Mein Bruder hatte damals seine obligate Rede gehalten, und wie üblich sollte nun der Kämmerer antworten. Da trat überraschend der Vorarbeiter Marx vor und sagte nur einen Satz, der sich mir unauslöschlich eingeprägt hat: »Herr Graf, wenn wieder wo noch einmal einer ›Kraft durch Freude‹ machen muß, dann bitte nicht ich.« Kraft durch Freude war eine Erfindung der Nazis, die damit ihre Volksverbundenheit und ihr soziales Engagement unter Beweis stellen wollten: Ausgesuchte, verdiente Leute wurden von der Partei für vierzehn Tage nach Mallorca eingeladen.

Oberinspektor Klatt hatte lange überlegt, wem diese Auszeichnung zufallen sollte und sich schließlich für Marx, den besten und zuverlässigsten Mitarbeiter entschieden, obgleich er ihn nur schwer entbehren konnte. Nach jenem vernichtenden Resümee des Bevorzugten meinte Klatt: »Der Marx hat ganz recht, nächstes Jahr schicken wir den Schwarz, der taugt sowieso nichts.«

Im Rhythmus der Jahreszeiten

In meiner Kindheit gab es all das, was heute zum Alltagsleben gehört, noch nicht – weder Radio noch Fernsehen, ganz selten ein Auto. Wenn sich einmal ein Auto auf die Landstraßen Ostpreußens verirrt hatte, scheuten alle Pferde, und man mußte froh sein, wenn sie nicht durchgingen. Ich habe es dann erlebt, daß der Bauer vom Wagen sprang, die Jacke auszog und sie dem Pferd über den Kopf hängte, damit es des Teufelswerks nicht ansichtig wurde.

Es gab also keinerlei Zerstreuung in des Wortes wirklicher Bedeutung. So waren wir ganz konzentriert auf die Menschen unserer Umgebung, auf die Natur, die Tiere, vor allem unsere Pferde, Hunde und Kaninchen. Der Rhythmus des Jahres, der immer der gleiche blieb, bestimmte unser Leben, so daß die Bilder der Jahreszeiten sich tief in mein Gedächtnis eingegraben haben: Das Frühjahr, die Erlösung vom langen Winter, kündigt sich an, wenn das Wasser in den Seen und Flüssen blauer wird und das Schilf leuchtend gelb; wenn große Stürme die alten Bäume schütteln, daß die Erde bebt und einem ganz bang ums Herz wird; wenn die Krähen sich wieder sammeln auf dem Acker, der langsam fleckig wird, weil die Feuchtigkeit allmählich abtrocknet. Dann kommen bald die Kiebitze und später die Stare und Störche. Es riecht im Wald nach Frühling, und wenn die Morgensonne durch das erste Grün der Buchen fällt und hier und da ein paar Lichtreflexe auf das feierliche Dunkel der hohen Fichten setzt, dann weiß man, daß die lange Zeit des Winters vorüber ist und auch das Warten auf den neuen Herzschlag der Natur.

Es dauert ja nur wenige Tage in Ostpreußen, bis die endlos lange Starre des Winters sich in strahlende Frühlingspracht verwandelt. Dann brauchen die Kinder doppelt so lang für den Schulweg zum nächsten Dorf, weil es so faszinierend für sie ist, das Wasser aus den tiefen Wagenrinnen der grundlosen Landwege zu riesigen Pfützen zusammenzuleiten. Die Bauern reparieren ihre Maschinen, die rostig geworden sind, und in den Dörfern stehen sie am Abend in den Vorgärten und schauen versonnen auf die frisch geharkten Beete und die ersten Knospen der Sträucher.

Wenig später findet man dann im Park die ersten Schalen der bläulichen Stareneier und hört das unersättliche Gepiepse der ausgeschlüpften Jungen. An den Grabenrändern blühen die gelben Sumpfdotterblumen, und in den Wiesen steht das bläuliche Rosa des Wiesenschaumkrauts zwischen dem hohen Gras, das sich unter der Sense leicht neigt und dann, schön geordnet, in langen Reihen – im Schwatt – zu Boden sinkt.

Die Tage vergehen wie im Fluge, und die Nächte sind kurz. Kaum hat sich der helle Himmel im Westen verdunkelt, dann geht schon im Osten die Sonne auf und spiegelt sich wider im morgendlichen Tau. Und wer wollte sie missen in seiner Erinnerung, die Zeit der großen Ernte, wenn der Wind in kleinen Wellen über die großen Roggenfelder läuft und die grau-grün silbernen Halme und Ähren im Rhythmus bewegt. Nur ein paar heiße Julitage: die Ähren stehen gelb und stramm, dicht wie eine Bürste, von der die eintönig ratternden Maschinen eine Bahn nach der anderen in ununterbrochener Rundfahrt abrasieren. Auf den Höfen ertönt dann das melancholische Surren der Dreschmaschinen, und zwischen den Ställen hängt der Geruch der schwitzenden Pferde, man hört das laute Knallen der Peitschen, mit dem sie immer wieder unerbittlich angetrieben, viererlang aufs Feld gejagt werden, um eine neue Ladung heranzuschaffen.

Erst wenn es Stoppelfelder gibt, Kilometer von Stoppelfeldern, über die man galoppieren kann, dann beginnt die große Zeit des Jahres. Dann muß man einen Trakehner haben, und im Herbst muß es ein Schwarzbrauner sein. Niemand hat die wirklichen Höhepunkte des Lebens je erlebt, der das nicht kennt, dieses Hochgefühl vollkommener Freiheit und Schwerelosigkeit im Sattel. Die Welt liegt einem zu Füßen, und sie ist schön und jung wie am ersten Tag, mit tausend Farben angetan und von unendlichen Gerüchen erfüllt. Man hört nur das regelmäßige Schnauben und den Hufschlag des Pferdes, das leise Geräusch des Lederzeugs und spürt dann und wann eine kühle Luftströmung, die der Schatten einer alten Eiche am Wegrand verursacht.

Knallrot stehen die Beeren der Ebereschen gegen den lichtblauen Herbsthimmel. Die Birken werden von Tag zu Tag leuchtender in ihrem Goldgelb, und die kurzgefressenen Wiesen sehen aus wie ein alter, fleckig gewordener Samt. Das ist die Zeit, wenn die Elche im Bruch noch heimlicher werden und der große Vogelzug beginnt. In riesigen Scharen ziehen sie dann gen Süden. Die Störche und Stare und das kleine Volk sind längst fort, wenn sich die königlichen Vögel aufmachen: die Schwäne, Kraniche und Wildgänse, die wie Perlen, die auf einer Schnur aufgefädelt sind, über den rötlichen Abendhimmel ziehen.

Es ist, als nähmen sie alles Leben und alle Freuden mit, denn jetzt beginnen schwermütige, regenreiche, dunkle Wochen. Die Wege werden immer grundloser, mühsam wühlen sich die Gespanne durch den aufgeweichten Rübenacker, und in den Alleen treibt der Wind die Blätter in Wirbeln zusammen. Wenn erst der November begonnen hat, dann muß man oft schon um drei Uhr die Lampen anzünden und ein Feuer im Kamin machen, um die klammen Füße und Hände zu wärmen. Erst die Weihnachtsvorbereitungen reißen die Menschen wieder vorübergehend aus ihrer dumpfen Teilnahmslosigkeit. Jeden Tag haben die Dorfkinder neue Ausstattungswünsche für das Krippenspiel im Gemeindehaus, zahllose Stollen und Pfeffernüsse werden für die Weihnachtsbescherung des Dorfes gebacken, hier und da taucht am Abend der traditionelle »Schimmelreiter« auf, und zwischen das eintönige Getöse seines Brummbasses mischt sich das Gekreisch der Mädchen, die durch Bär, Storch und Schimmelreiter in Schrecken versetzt werden.

Dann beginnt die Zeit der Bücher. Mit fünfzehn, also in den dreißiger

Jahren, habe ich alles verschlungen, was in den Bücherschränken stand. Thomas Mann, Hamsun, Stefan Zweig, Franz Werfel, Leonhard Frank, Hans Fallada und natürlich Hofmannsthal und Rilke und viele Bände Dostojewski.

Aber kein Autor, auch kein Lyriker, kann poetischer sein als jene herbstlichen Morgen, an denen man noch im Dunkeln zum Pirschen aufbricht. Wenn die Sonne aufgeht und in ihren ersten Strahlen der Tau auf den Wiesen wie Diamanten funkelt und der ferne See durch die Bäume schimmert, dann fühlt man sich dem Wesentlichen zum Greifen nah. Nicht nur die Augen, die solch unbefleckte Herrlichkeit schauen, nicht nur das Gehör, das die lautlose Stille aufnimmt – in solchen Momenten ist es, als sei der ganze Mensch durchlässig für das Wunder der Schöpfung.

Unnachahmlich so ein Morgen: Niemand weit und breit, die ersten Hummeln wachen auf, dann und wann springt ein Reh ab, fliegt ein Vogel auf; aber das Gewehr ist nur ein Vorwand: nur ja kein Schuß jetzt, der die heilige Stille stören könnte. Alle Wahrnehmungen verdichten sich zur Inspiration, plötzlich versteht man alles, das Leben, das Sein, die Welt. Und es gibt nur noch ein Gefühl: tiefe Dankbarkeit dafür, daß dies alles meine Heimat ist.

Ebenso erfüllt waren für mich die Tage bei manchen unserer weiten Ritte, wenn meine Cousine Sissi Lehndorff und ich, die Bügel kurzgeschnallt, im Rennsitz unsere Pferde laufen ließen, was sie konnten. Man hört den Hufschlag auf den sandigen Wegen und spürt den Wind im Haar. Ganz dem Moment hingegeben, ist man erfüllt von unendlichem Glücksgefühl; ein wenig mischt sich Sehnsucht hinein: Dort hinter dem blauen Horizont, dort würde das Leben beginnen. Wie wird es sein?

Nicht so poetisch, dafür laut und lustig, waren die großen Hasenjagden, die vorwiegend zwischen Weihnachten und Neujahr stattfanden. Dann kamen Vettern und Freunde, die schon am Abend zuvor anreisten. Morgens ein geschäftiges Hin und Her: Patronen, Flinten, Pelzmützen werden gesucht, ein umfangreiches Frühstück, dann besteigt man die Fuhrwerke, und auf geht's. Herrlich der verschneite Wald. Die Schützen werden auf den großen Schneisen, die die einzelnen Jagen voneinander trennen, in Deckung aufgestellt, etwa alle achtzig bis einhundert Meter einer. Und dann beginnt das große Warten.

Endlich hört man die Förster blasen, die Signale hallen weit durch den stillen Wald: »linker Flügel zurückbleiben« oder »rechter Flügel vor«. Dann kommen allmählich auch die Treiber näher. Sie rufen Hepp, hepp, schlagen dann und wann mit ihren Stöcken an einen Baum. Aufregend wird es, wenn plötzlich ein Fuchs, nach allen Seiten sichernd, auftaucht; er ist noch zu weit, schnürt wieder ein in die Dickung, wird nicht mehr gesehen – wahrscheinlich ist er zurück nach hinten und zwischen den Treibern hindurch entwischt.

Mittags gibt es auf einer Lichtung ein großes Feuer zum Aufwärmen und heiße Erbsensuppe. Die Schützen sitzen auf ihren Jagdstöcken oder auf Baumstämmen und berichten Wunderdinge über das, was sie gesehen und erlebt haben. Nach kurzer Rast geht es weiter. Oft kommt dann noch ein Kesseltreiben auf dem Feld. Das ist fast eine Generalstabsarbeit: Ohne allzuviel Zeitverlust muß ein Kessel, also ein Kreis von etwa einem Kilometer Durchmesser gebildet werden. Dann wird von der Peripherie zur Mitte hin getrieben, jeweils zwei bis drei Treiber in der Kette, dazwischen ein Schütze; so rückt die Armee auf schweren Stiefeln langsam vor und treibt das Wild zusammen, das versucht, den tödlichen Ring zu durchbrechen. Es ist ein Bild, das an alte asiatische Stiche erinnert.

Abends war dann stets ein Diner, bei dem auch wir Kinder am Katzentisch dabeisein durften und uns herrlich amüsierten. Solche abendlichen Diners, zu denen wir zugelassen wurden, waren das einzige, was uns an offiziellem Amüsement geboten wurde. Auf den Gedanken, ein Kinderfest zu veranstalten oder Geburtstage in extravaganter Weise auszugestalten, wäre niemand gekommen. Kinder spielten zu jener Zeit keine eigene Rolle, die sollten erst mal mit Anstand erwachsen werden, dann würde man weitersehen – das etwa mag die Einstellung der Erwachsenen gewesen sein. Manchmal unterhielten wir uns darüber, wie *wir* unsere Kinder erziehen würden. Meine Cousine und spätere Schwägerin Sissi meinte, ihr Ideal seien die Kinder von Ludorf, dem Kutscher zu Hause in Preyl. Begründung: Alle sieben spritzten nur so herbei, wenn der Vater ruft, alle könnten prima mit Pferden umgehen, auch der Neunjährige sitze zu Pferde wie ein Jockey.

Wir waren im Grunde froh, daß man sich um uns verhältnismäßig wenig kümmerte, denn wir waren uns selbst vollauf genug. Auch hatten wir immer etwas vor. Unternehmungen, von Erwachsenen geplant, wären nur störend gewesen. Und wenn einmal Verwandte oder Bekannte gleichaltrige Kinder mitbrachten, konnten wir gar nicht erwarten, daß sie wieder abfuhren, denn meist waren sie für unsere Zwecke ganz unbrauchbar: entweder zu fein oder zu ängstlich.

Apropos zu fein. Ich muß offenbar manchmal ziemlich verwildert ausgesehen haben, in solchen Fällen pflegte Grenda dann kopfschüttelnd zu sagen: »Und das will 'ne Komptess sein?« Eines Tages, ich war etwa dreizehn Jahre alt, sollte eine neue Lehrerin für mich eintreffen. Ich hatte Order, sie vernünftig angezogen zu empfangen. Aber dann hatte ich mich beim Ausmisten der Karnickelställe verspätet, und es gelang mir nur, so wie ich war, an die Haustür zu stürzen, um sie zu begrüßen und in ihr Zimmer zu geleiten. Dann machte ich mich zurecht – *comme il faut*, wie meine Mutter zu sagen pflegte – und ging, um sie zum Abendessen zu holen: »Bist du die Marion?« Ich bejahte. Darauf sie etwas vorwurfsvoll: »Ich dachte eigentlich, du würdest zu meinem Empfang da sein.« Eine Sekunde überlegte ich, aber dann schien mir der Irrtum ein kleineres Übel als die Wahrheit, und so ließ ich sie bei ihrer Vorstellung.

Steinort – ›die große Wildnis am See‹

Unsere nächsten Verwandten waren die Steinorter Lehndorffs. Steinort war ohne Zweifel der schönste Besitz in Ostpreußen. Das Herrenhaus, das nach dem Tode des 1688 verstorbenen Ahasverus Lehndorff von seiner Witwe Marie-Eleonore Dönhoff aus Friedrichstein erbaut wurde, war weniger ansehnlich, weil es in späterer Zeit durch Anbauten verschandelt worden war, aber die Landschaft war unvergleichlich großartig.

Auf drei Seiten vom Mauersee umgeben, dem größten der masurischen Seen, der mit mehreren kleinen in Verbindung steht, war Steinort eine Art Halbinsel. Viel Wald gehörte dazu und eine Reihe großer Gutshöfe. Im Park, der sich bis herunter an den See zog, standen dreihundertjährige Eichen. An einer von ihnen hing in meiner Kinderzeit noch eine Tafel vom Ende des 18. Jahrhunderts, auf der der damalige Besitzer einem Freund in mittelalterlichem Französisch seine Treue bekundete.

Steinort war ein sagenumwobener Ort. Nicht nur, daß es dort – wie übrigens in jedem besseren Schloß in Ostpreußen – spukte, auch der See mit den vielen abenteuerlichen Geschichten, die die Fischer zu berichten wußten, sowie die große Einsamkeit der Wälder, überhaupt der Natur, dies alles miteinander gab den lustigen Tagen dort gelegentlich eine unheimliche, fast magische Note.

Natürlich spielte der Mauersee, dieses Paradies nicht nur der Wasservögel, sondern aller Vögel, eine riesige Rolle. Es gab Tausende von Enten, viele Bleßhühner, Rohrdommeln, Kormorane, Wildgänse, Schwäne, gelegentlich auch Seeadler. Auf der berühmten Steinorter Entenjagd, die immer im Juli an einem Sonnabend und dem darauffolgenden Montag stattfand, wurden stets zwischen sechshundert und siebenhundert Enten geschossen: Die Treiber wateten in hohen Gummistiefeln, die bis an die Hüfte reichten, durch das Schilf und trieben die Enten den Schützen zu, die, in wackeligen Booten stehend, recht häufig vorbeischossen.

Im Winter, wenn der See zugefroren war, wurde quer über das Eis auf die gegenüberliegende Seite nach Angerburg gefahren – das sparte etwa sieben Kilometer. Aber man mußte aufpassen, denn in jedem Jahr gab es Stellen,

Die Förster bei der Entenjagd auf dem Woriener See.

wo im Frühjahr das Eis unter weit hallendem Donner riß und sich drohende Spalten bildeten. In der Dunkelheit war es jedenfalls gefährlich, den See zu überqueren, was wohl auch zu seiner Mystifizierung beitrug.

Zu unserer Kinderzeit begann gerade ein neuer Sport: das Eissegeln. Ein flacher, niedriger Schlitten auf weit auseinander liegenden Kufen mit einem hohen Segel trug den des Segelns Kundigen in größter Geschwindigkeit über weite Strecken; man mußte nur achtgeben, nicht in eine Spalte zu geraten. Mit den Jahren ist dieser Sport immer weiter perfektioniert worden, und schließlich fanden große Regatten auf dem Mauersee statt.

Die Lehndorffs waren mit dem Deutschen Ritterorden nach Ostpreußen gekommen. Anfang des 16. Jahrhunderts wurden sie vom Orden mit Steinort belehnt. Die Verleihungsurkunde über »Die Große Wildnis am See« war ausgestellt auf Fabian, Caspar und Sebastian von Lendorf. Ihre Nachfolge trat Meinhard, geboren 1590, an – er war es, der die Eichenalleen im Park von Steinort gepflanzt hat.

Sein Sohn, der 1688 verstorbene Ahasverus, war als Neunzehnjähriger, zusammen mit seinem gleichaltrigen Vetter Eulenburg und dem sie begleitenden »Hofmeister«, zu der großen Kavalierstour aufgebrochen, welche in früheren Zeiten Söhne aus großen Häusern zu ihrer Bildung absolvieren mußten. Jahrelang waren sie durch Europa gereist, hatten in Frankreich Strategie studiert, in Bologna Juristerei, waren in England bei Cromwell zu Gast gewesen und sahen in Paris Ludwig XIV. aus nächster Nähe. Überall trafen sie andere junge Leute aus aller Welt, die gleich ihnen ihren Horizont erweitern und Wissen erwerben wollten; überall verkehrten sie in den Häusern bekannter Persönlichkeiten. So war Lehndorff offenbar ein gern gesehener Gast bei der in Paris lebenden Tochter Gustav Adolfs, der Königin Christine von Schweden.

Mein Vetter, der Arzt Hans Lehndorff, schreibt in seinem Buch »Menschen, Pferde, weites Land« über diese sieben Jahre währende Reise seines Vorfahren: »Später, von Italien aus, besuchte er die Malteser auf ihrer Insel, freundete sich mit vielen Ordensrittern an und wurde von ihnen auf Kaperfahrt gegen Türken und Seeräuber mitgenommen. Man ehrte ihn damit, daß er als erster auf ein Seeräuberschiff hinüberspringen durfte, wobei er in einem Fall feststellen mußte, daß die gesamte Mannschaft an der Pest erkrankt bzw. schon gestorben war.«

Diese Bildungsreise war übrigens keineswegs eine Lustreise, denn erstens mußten die beiden jungen Leute ein streng diszipliniertes Leben nach festem Stunden- und Studierplan führen. Zweitens war das Reisen in jener Zeit außerordentlich beschwerlich, gefährlich und entbehrungsreich: sie wurden von Räubern überfallen, der Wagen brach auf den schlechten Wegen häufig zusammen, Essen war oft knapp, manchmal gar nicht zu beschaffen.

Da selbst bei äußerster Sparsamkeit eine solche Reise natürlich erhebliche Kosten verursachte, haben die, die sich so etwas überhaupt leisten konnten, es nur in den Fällen getan, wo sich eine solche Investition lohnte. Als jener Ahasverus Lehndorff, der später eine Tochter aus Friedrichstein heiratete, sechsundzwanzigjährig nach Hause zurückkehrte, wurde allgemein sein unglaublich großes Wissen bestaunt. Er ging zunächst nach Polen, wo König Kasimir ihn zum Befehlshaber über sämtliche in Polen dienenden Deutschen machte. Nach sechs Jahren in Polen trat er in brandenburgisch-preußische Dienste und bekleidete verschiedene hohe Stellungen. Der Große Kurfürst soll beim Tod von Ahasverus Lehndorff gesagt haben: »Ich habe meinen besten Staatsmann verloren.«

Zwei Jahre vor seinem Tode, 1686, ist er von Kaiser Leopold zum Reichsgrafen gemacht worden. Im gleichen Jahr heiratete er in dritter Ehe Marie-Eleonore Dönhoff, nachdem seine ersten beiden Frauen jung gestorben waren. Immer wieder wird in der Geschichte der Familie von solchen Schicksalen berichtet. Da heißt es beispielsweise: »Seine Frau war bei seinem Tode 28 Jahre und hatte acht Kinder.« Oder: »Sie starb mit 26 Jahren, zwei Tage nach der Geburt des sechsten Kindes.« Die Kinder starben in jener Zeit ebenfalls reihenweise. Der Besitz, den ich später verwaltete, Quittainen, war vom letzten Besitzer, Bogislaw Friedrich Dönhoff, in eine Familien- und Armenstiftung umgewandelt worden, nachdem seine elf Kinder vor ihm gestorben waren. Und Dönhoffstädt, das bis dahin Wolfsdorf hieß, war aus ähnlichem Grund in den Besitz meiner Familie übergegangen. Der Vorbesitzer, von Rautter, hatte 1586 durch die Pest fünfzehn Kinder verloren; nur eine Tochter überlebte und heiratete einen Dönhoff. Übrigens ging Dönhoffstädt der Familie wieder verloren, weil der letzte Dönhoff dieser Linie 1810 als Zwanzigjähriger im Duell gefallen ist.

Es ist erstaunlich, was oft auf dem Dachboden solcher alten Häuser wie Steinort an Briefen und Dokumenten erhalten geblieben ist. Manchmal haben die Papiere dort hundert Jahre und länger in Kisten geruht. Die Kinder eines eben Verstorbenen interessieren sich im allgemeinen nicht dafür: »Was soll in den Briefen von Onkel X und Tante Y schon Bedeutendes stehen?« Aber drei Generationen später, wenn das »belanglose Zeug« Geschichte geworden ist, dann gibt es mit Sicherheit irgendeinen Urenkel, der sich mit Fleiß entweder selber darüber hermacht oder einen Sachverständigen dafür gewinnt. Doch solches Material erhält sich natürlich nur in Häusern, die über Generationen in derselben Familie bleiben.

Die Mutter des oben erwähnten Onkels Carol, Anna, geb. Gräfin Hahn, war nicht nur für alles Soziale engagiert, sie interessierte sich auch für Geschichte. Eines Tages hatte sie auf dem Dachboden die in französischer Sprache geschriebenen Tagebücher des Enkels von Ahasverus entdeckt. Er hieß Ahasverus Ernst und war dreißig Jahre lang der Kammerherr der Königin Elisabeth Christine, der Frau Friedrichs des Großen. Seine kritischen Aufzeichnungen sind eine höchst unterhaltsame Quelle, aus der man viel über das Leben am preußischen Hof jener Zeit erfährt.

Fischer am Mauersee prüfen den Fang.

Ein erster Band erschien 1906, weitere drei Bände folgten. In unseren Tagen hat Haug von Kuenheim als Herausgeber eine Auswahl daraus in einem Band zusammengefaßt, der bei Siedler in Berlin erschienen ist. Ebenfalls auf dem Dachboden in Steinort lagerten etwa achthundert Briefe des Prinzen Heinrich, des Bruders von Friedrich dem Großen, die er an den Kammerherrn Ahasverus Ernst geschrieben hat.

Der Urenkel jenes 1688 verstorbenen Ahasverus Lehndorff hieß Carl. Carl Lehndorff, dessen Schwester mit meinem Urgroßvater August Philipp Dönhoff verheiratet war, hat sich im Kampf gegen Napoleon mehrfach ausgezeichnet. Er war ein Parteigänger des Generals von Yorck. Im Dezember 1812 ritt er auf tiefverschneiten Wegen die hundert Kilometer von Gumbinnen nach Tauroggen in einem Tag, um Yorck die Zustimmung der Landstände zur Auflösung der erzwungenen Waffenbrüderschaft mit Napoleon – der Konvention von Tauroggen – zu überbringen. Auch stellte er im Zuge dieser Ereignisse ein Kavallerie-Regiment auf, das fast ausschließlich von den preußischen Landständen finanziert wurde und das sich in den Befreiungskriegen 1813/14 besonders hervortat.

Die Konvention von Tauroggen – durch die das preußische Hilfskorps für neutral erklärt wurde –, also der Abfall Preußens von Napoleon, den General von Yorck auf eigene Kappe mit dem russischen General Diebitsch geschlossen hatte, löste unter den Ostpreußen allenthalben Erleichterung aus. Allerdings auch Sorge, denn man wußte zunächst nicht, ob der preußische König Friedrich Wilhelm III. und der russische Kaiser Zar Alexander I. dieses *renversement des alliances* bestätigen würden. Es hätte leicht sein können, daß die Franzosen sich rächten und in ihrem Zorn die Provinz noch mehr verwüsteten, als dies schon zuvor geschehen war. Würden die Russen genügend Truppen nachrücken lassen, um dies zu verhindern? Und was sollte aus Königsberg werden?

Am 23. Dezember 1812 schreibt Amélie Lehndorff, geb. Dönhoff, aus Königsberg an ihren Sohn Carl nach Steinort: »Die Stadt wimmelt von unglücklichen Opfern. Die Straßen sind voll von französischen Generalen und Obersten in allerlei Vermummung, sogar mit Hüten von Bauernweibern und halbtot von Hunger und Frost... Gestern abend sah ich preußische Truppen in guter Ordnung einziehen. Alles das macht mir die höchste Besorgnis, daß man vorhabe, die Stadt zu verteidigen. Manchmal denke ich auch, daß die Russen gar nicht die Absicht haben, die Franzosen zu verfolgen, weil sie allzu langsam darin vorgehen.« Am 31. Dezember 1812 schreibt sie: »Wir hielten sie (die fliehende französische Armee) für verfolgt von den Kosaken, und wir machten uns von Tag zu Tag auf schreckliche Szenen in unserer armen Stadt gefaßt, auf Brand und Plünderung, aber anstatt Kosaken sahen wir französische Truppen, ganz frisch und gut ausgestattet, wieder erscheinen, die unter meinem Fenster mit der größten Ordnung aufmarschierten. Man sagt, sie seien den Russen entgegengezogen, aber man hört nichts mehr davon, und sie scheinen wie verschwunden. Von den Kosaken dagegen behauptet man, sie überall zu sehen, nur nicht hier in Königsberg.«

Amélie Dönhoff, die Schwester meines Großvaters, Hofdame in Potsdam und politisch sehr interessiert. Das Photo von 1856 gehört zu den frühesten Zeugnissen der Daguerreotypie.

Wenige Tage später, am 4. Januar 1813, schreibt August Philipp Dönhoff, der Schwager von Carl Lehndorff, in sein Tagebuch: »Als ich heute nach Friedrichstein zurückkam, fand ich das Haus voller Russen, Kosaken und Husaren. Unter ihnen ein Prince Tartar, ein Graf Koschkull, und viele kosakische Offiziere. Die sämtlichen Zimmer waren überfüllt, und das Frühstück ging den ganzen Tag über. Alle waren sehr höflich und rücksichtsvoll. Zur Nacht soll noch der General Kutusow und der Oberst Tettenborn mit fünfzehn Offizieren kommen ... Jemand, der in Königsberg war, berichtet, die Konvention habe die russische Armee in große Begeisterung versetzt: die preußischen Offiziere und Soldaten hätten sich vor deren Augen die französischen Orden und Ehrenzeichen abgerissen und sie weggeworfen.« Jeder sei sich im klaren darüber, schreibt er, daß alles auf dem Spiel stehe. Schließlich war Preußen Napoleon zur »Heeresfolge« verpflichtet, Napoleons Schwager, der König von Neapel, befand sich noch in Königsberg, desgleichen Maréchal McDonald. Und der preußische König hatte seine Zustimmung bis dato nicht gegeben.

Noch viele Jahre nach dem Ende der Napoleonischen Kriege lebte in Ostpreußen alle Welt in größter Armut. Jener Urgroßvater, der mit soviel Gelassenheit die Kosakeninvasion in Friedrichstein ertrug, hat dreißig Jahre lang mit penibler Akribie seine Ausgaben in schmale, längliche Bücher eingetragen, auch dies wieder in französischer Sprache. In der Spalte »Kleidung« steht über viele Jahre nur »Schuhe besohlen« und »Kragen wenden«. Unter »Vergnügungen« ist notiert, daß er mit den Vettern Dohna Wein in Königsberg getrunken hat; gelegentlich ist auch ein Glas Bier notiert.

Selbst wenn man Geschichte nur aus der Perspektive eines einzelnen Besitzes – beispielsweise von Friedrichstein aus – betrachtet, wird deutlich, wie hilflos das Land und die Bevölkerung immer wieder in jedem Jahrhundert, manchmal in jedem Jahrzehnt, den kriegerischen Heimsuchungen preisgegeben waren. Die einzige Zeit der Ruhe und Prosperität ist die Periode gewesen, die nach dem Deutsch-Französischen Krieg 1870/71 mit den Gründerjahren begann. Freilich war das auch das Ende des alten Preußens. Von dem damaligen Besitzer von Friedrichstein – meinem Großvater – wurde dieser Umstand sehr beklagt. Seine Schwester, die Hofdame in Potsdam war und über dreißig Jahre eine politische Korrespondenz mit dem Bruder führte – es gab viertausend Briefe im Friedrichsteiner Archiv –, schilderte mit Entrüstung und Widerwillen, wie unter dem beginnenden Rausch der Gründerzeit die Geldgier in Berlin um sich griff.

Der Partner dieses Briefwechsels, mein Großvater August Heinrich Hermann, war in den vierziger Jahren preußischer Gesandter am Bundestag in Frankfurt gewesen. Jahrelang hat er dort gegen den Partikularismus und für ein einheitliches Deutschland gekämpft. Im März 1848 geht er weit über seine Kompetenzen hinaus: Er hat den Vorsitz im Bundestag und entschließt sich – ohne dazu autorisiert zu sein –, die Proklamation für deutsche Verfassungsrechte und für das Bundespressegesetz durchzudrücken, das die bestehende Zensur aufheben soll. Am 9. März 1848 läßt er den Reichsadler zum Bundeswappen und Schwarz-Rot-Gold zu Bundesfarben erklären.

August Heinrich Dönhoffs Name steht auch unter den letzten weittragenden Entschlüssen, die die Bundesversammlung faßte. Dazu gehörte am 31. März 1848 der Beschluß, »daß es eine heilige Pflicht des deutschen Volkes sei, mit allen Kräften die Wiederherstellung des Polen-Reiches zu erwirken, um das durch die Teilung bewirkte Unrecht wiedergutzumachen«.

Die Preyler Lehndorffs

Das Fideikommiß Steinort war der Stammsitz der Lehndorffschen Familie, aber »meine« Lehndorffs, Sissi und Heini, mit denen zusammen ich, während einiger Jahre, erzogen wurde, die gehörten nach Preyl. Preyl lag etwa siebzehn Kilometer nördlich von Königsberg an einem See. Der Bruder von Onkel Carols Vater, Heinrich Lehndorff, hatte den Besitz erworben, diese Nebenlinie begründet und bald nach 1900 das dem Zeitgeist entsprechend unschöne Schloß gebaut.

Heinrich Lehndorff war seit 1866 Flügeladjutant des Königs und nachmaligen Kaisers Wilhelm I. Er war bis zu dessen Tode 1888 sein ständiger Begleiter und Vertrauter. Lehndorffs ältester Sohn Manfred, der Vater meiner beiden Kumpane – der letzte Besitzer von Preyl –, war ein hervorragender Reiter. Er gehörte zu den besten Dressurreitern seiner Zeit und ritt auch häufig im Rennen seine Pferde selber.

In Preyl drehte sich alles um Pferde. Manfred hatte einen Rennstall in Königsberg auf einem Gelände in Carolinenhof, wo sich auch die Rennbahn befand. In den Ferien fuhren wir manchmal früh morgens mit, wenn er mit zwei Trabern vor einen leichten Wagen gespannt in unglaublicher Geschwindigkeit nach Königsberg kutschierte. Die Morgenarbeit der Rennpferde begann schon um sechs Uhr, so daß wir in Preyl um vier Uhr aufstehen mußten.

In Carolinenhof herrschte um diese Zeit ein lustiges Durcheinander von Pferden, Jockeys und Trainern der verschiedenen Rennställe, die alle dort mit ihren »Lots« antraten. Manfred selbst oder sein Oberkutscher Ludolf diktierte jedem der Preyler Pferde das für diesen Tag offenbar angemessene Training zu: 1200 Meter schnellen Galopp oder 1500 Meter mittleres Tempo – es gab unendliche Variationen, je nachdem, ob der Hengst oder die Stute am nächsten Sonntag laufen sollte und in welchem Rennen.

In Preyl drehte sich alles um Pferde: meine Cousine Sissi Lehndorff.

Heini und Sissi ritten oft mit in der Morgenarbeit; ich war in dieser Branche nicht kompetent genug und durfte nur zuschauen, genoß dies aber auch und noch mehr das Frühstück, das es dann nach getaner Arbeit endlich um acht Uhr gab und bei dem ohne Unterbrechung gefachsimpelt wurde, denn natürlich hatte man auf der Rennbahn auch die Konkurrenz beobachten können.

Sissi und ich hatten in Preyl zwei Stuten, mit denen wir allein ausreiten durften: »Försterchristel« und »Balga«, die wir um die Wette über die langen Sandwege jagten. Sissi war eine enorm begabte Reiterin, die schon früh von ihrem Vater in die Lehre genommen worden war und sich daher auch auf Dressur verstand.

Ein beliebter Sport im Winter war es, eines dieser wilden Tiere anzuschirren und eine Kette von Rodelschlitten anzuhängen, was meist damit endete, daß die ganze Kavalkade außer Kontrolle geriet, denn für das Pferd war die Last, die es zu ziehen hatte, ungewohnt leicht. Es nahm gern die Gelegenheit wahr und ging spätestens auf dem Rückweg hemmungslos durch. Das hatten dann gewöhnlich die letzten Schlitten auszubaden, die ungesteuert hin und her geschleudert wurden, bis einige von ihnen zum Schluß umkippten.

Ich versuche, mich an unsere Schulstunden in Preyl zu erinnern, aber mir kommen immer nur Pferde in den Sinn. Ich weiß nicht einmal mehr, wo – in welchem Zimmer – der Unterricht stattfand. In Preyl hatten die Zimmer im oberen Stockwerk Nummern – wie im Hotel. Ich fand dies sehr phantasie- und lieblos. Wie schön waren dagegen in Friedrichstein die Namen der Fremdenzimmer, die auf kleinen, an den Schlüsseln befestigten Messingschildern verzeichnet waren: Stammbaumstube, Bilderstube, Pfannschmidtstube, Königsstube, große und kleine Generalsstube. Die letzteren hießen so nach dem Bruder meines Großvaters, General Louis Dönhoff. Dieser hatte übrigens, weil es im Winter in den sieben Meter hohen Räumen sehr kalt war, auf halber Höhe – die Wärme steigt bekanntlich nach oben – eine Stellage einbauen lassen, die er mit Hilfe einer Leiter erklomm, um dort gemütlich in einem Fauteuil Platz zu nehmen.

Apropos Unterricht erinnere ich mich nur an eine der verschiedenen Lehrerinnen, eine junge, weltfremde Person: Fräulein Kobert. Da sie die Kompetenz hatte, Strafen zu verhängen, sahen wir sie sozusagen als unseren Klassenfeind an und hielten uns für berechtigt, sie zu bekämpfen. Sie war von Natur ängstlich, und diese Eigenschaft eröffnete große Möglichkeiten. Eines Tages setzten wir während ihrer Abwesenheit eines unserer braunen Meerschweinchen in ihr Zimmer und beobachteten gespannt durchs Schlüsselloch, welchen Effekt dies wohl haben würde. Offensichtlich hatte sie noch nie so ein Tier gesehen und hielt es vermutlich für eine Art von Ratte, jedenfalls war sie in ihrer Angst auf den Tisch gestiegen und hielt von dort Ausschau nach dem fremdartigen Tier, das seinerseits, verängstigt durch die ungewohnte Umgebung, unter das Bett geflüchtet war.

Manfred Lehndorff, Vater meiner beiden Jugendgefährten, war einer der bekanntesten Dressurreiter seiner Zeit.

Viel später, als wie alle drei längst erwachsen waren, erbte Heini den Stammsitz Steinort. Das war 1936, nach dem Tode von Onkel Carol, der keine Kinder hatte. Heini Lehndorff zog nach Masuren in das Gebiet, das einst als »große Wildnis« bezeichnet worden war, und hat mit viel Kompetenz und nie erlahmender Passion die Wirtschaft modernisiert und sie betriebswirtschaftlich wie sozial beispielhaft geführt.

Nach dem 20. Juli 1944, der Heini wie auch allen anderen Freunden zum Schicksal wurde, bin ich nie wieder in Steinort gewesen.

Ferien am schönsten zu Haus

Der verhältnismäßig bedeutende Altersunterschied zu den vier Großen brachte es mit sich, daß ich mehr mit den gleichaltrigen Lehndorffs zusammen war als mit meinen Geschwistern. Merkwürdig war nur, daß ich diese nächsten Verwandten erst sehr spät kennenlernte. Die Eltern fuhren wohl gelegentlich nach Preyl zu Besuch, aber auf die Idee, mich mitzunehmen, waren sie nie gekommen. Man machte eben damals von Kindern wenig Aufheben.

Ich kann mich auch nicht erinnern, daß wir in den großen Ferien verreisten. Einmal, gleich nach dem Ersten Weltkrieg, nahm meine Mutter mich mit in die Schweiz, wo ihre Schwester lebte. In Romanshorn mußten wir Station machen; ein Aufenthalt, der mir unauslöschlich in Erinnerung geblieben ist, denn dort bekam ich Schokolade mit Schlagsahne und Torte. Schlagsahne hatte ich noch nie gegessen, denn zu Haus wurde während des Krieges mit größter Strenge darauf gesehen, daß wir im großen und ganzen nicht besser lebten als die Leute in der Stadt. Der Erfolg jener Ausschweifung war fürchterlich: Kaum hatten wir das elegante Haus der Thiele-Winklers betreten – schon im Flur –, konnte ich die ungewohnten Genüsse keine Sekunde länger bei mir behalten. Ich wäre am liebsten auf der Stelle in den Erdboden versunken, denn es war mir extra aufgetragen worden, mich anständig zu benehmen.

Reisen: einmal war ich zusammen mit den Großen in Noordwijk im Hotel »Huis ter Duin«. Ich erinnere mich, daß auf der Rückfahrt im Eisenbahnabteil alle unbändig lustig waren, weil es endlich wieder nach Hause ging. Sie schmiedeten Pläne, was jeder gleich am ersten Abend tun werde:

Einer wollte auf Schnepfenstrich gehen, meine älteste Schwester ihre geliebte Stute satteln ... Ich war noch zu klein für solche Pläne und im übrigen so verbittert über dieses »blöde Hotel«, daß ich mich der allgemeinen Freude nicht anzuschließen vermochte. Irgend etwas war mir am letzten Tag bei Tisch verboten worden, darum hatte ich voller Zorn beim Trinken ein Stück aus dem hauchdünnen Glas gebissen. Meine Kinderfrau, die wußte, daß eine Tante mir für diese Reise fünf Mark geschenkt hatte – ich glaube, es war das erste Geld, das ich je mein eigen nannte –, erklärte drohend: »Das Glas wirst du selbst bezahlen.« Ich dachte, mir macht das nichts, ich bin so reich, ich könnte sechs solcher Gläser kaputtmachen.

Wohl um die Sache dramatisch zu gestalten, wurde der Kellner zum Maître d'Hotel geschickt, um zu fragen, was ein neues Glas kostet. Er kam zurück mit der Nachricht: fünf Mark. Das war ein Schreck fürs Leben. Ich glaube, dies war der Grundstein für meine Gleichgültigkeit Geld gegenüber, es förderte meine frühe Einsicht, daß es sich nicht lohnt, nach diesem vergänglichen Gut zu streben.

Ferien woanders waren ebenso unbeliebt wie fremde Kinder, die zu Besuch kamen – beides konnten wir leicht entbehren. Wieder zu Haus zu sein, war schon deshalb so wichtig, weil man nie wußte, was in der Zwischenzeit aus unseren verschiedenen Tieren wurde. Beispielsweise war ein junger Fuchs, den ich mit Mühe einigermaßen gezähmt hatte, weggelaufen, als ich einmal drei Tage im Bett liegen mußte. Er ist nie wiedergekommen, und ob er überlebt hat, ist höchst ungewiß, denn ein Tier, das in solcher Weise seinen Artgenossen, sich selbst und seiner Umwelt entfremdet worden ist, kommt draußen schwer zurecht.

Nicht viel glücklicher war das Schicksal eines jungen Rehbocks. Offenbar hatten wildernde Hunde die Mutter gejagt und gerissen. Das Kitz hatten die Waldarbeiter dann halb verhungert gefunden und uns gebracht. Ich zog es mit der Flasche groß, und allmählich war Peterchen so anhänglich geworden, daß er immer hinter mir herlief. Als er einigermaßen ausgewachsen war, bekam er einen großen, eingezäunten Platz oberhalb des Parks zugewiesen. Es war der Begräbnisplatz der Familie mit vielen alten Bäumen.

Er hatte es gut dort, aber als er sein erstes Gehörn »geschoben« hatte, spürte er, mangels eines Rivalen, das dringende Bedürfnis, den Gärtner zu »forkeln«, der meine Mutter vor die Alternative stellte: entweder verkommt alles, oder der Rehbock muß weg. Angesichts solcher Drohung entschied meine Mutter: Peter muß ausgesetzt werden. Trauer im Herzen, zog ich mit ihm in den Wald. Mein Bruder Christoph kam mit, um ihn zu vertreiben. Aber es war hoffnungslos – in großen Sprüngen kam der Rehbock immer wieder zurück und schließlich auch mit uns heim. Er muß zu einem der Förster, lautete die lapidare Entscheidung. Und so geschah es.

Es gab natürlich nicht nur edle Tiere wie Fuchs und Rehbock, sondern auch niedere Geschöpfe wie Kaninchen und Meerschweinchen und Hunde. Vor allem Hunde. Christoph hatte eine geliebte Dackelhündin »Hexe«, die sehr jagdpassioniert war. Mit ihrer Hilfe und der von zwei Artgenossen, die einem der Förster gehörten, wurde manchmal Fuchsgraben veranstaltet. Fuchs und Dachs wohnen gelegentlich im selben Bau. Den Dachs schont man gern, aber der Fuchs, der Hühnerdieb, galt als Feind und mußte von Zeit zu Zeit bekämpft werden.

Wenn die Hunde in den Bau »geschlieft« sind, hört man sie nach einiger Zeit Laut geben: »Also ist der Fuchs drin.« Sogleich beginnt die doppelte Spannung: Erstens, wird er »springen«, also aus der Röhre ans Tageslicht kommen und von einem der Schützen, die in der Nähe der Ausgänge postiert sind, erlegt werden? Zweitens, werden die Hunde heil wieder herauskommen, denn das ist keineswegs immer gewährleistet. Es kommt vor,

daß sie in dem weitverzweigten Bau in eine Sackgasse geraten und nicht mehr zurückkönnen, oder auch, daß der Fuchs sie blockiert. Man hört das an der Art, wie sie bellen, und im Notfall versucht man dann, sie an der Stelle mit Hilfe von Axt und Spaten freizuschaufeln, aber bei dem vielen Wurzelwerk im Walde gelingt das nicht immer; oder wenn es zu gelingen scheint, stellt sich heraus, daß sie inzwischen schon wieder an einer anderen Stelle sind.

Hunde gab es zu allen Zeiten, aber es waren immer wieder andere. Meine Mutter hatte eine merkwürdige Passion, die Rasse zu wechseln: ungarische Schäferhunde, irische Bobtails, deutsche Doggen ... Die ersten, an die ich mich erinnere, waren Neufundländer, eine ganze Horde, die in einem Zwinger lebte. Als ich – fünfjährig – einmal verbotenerweise die Tür dieses Zwingers öffnete, stürzten sie, endlich befreit, alle zugleich heraus, warfen mich um und sprangen über mich hinweg, wie die Pferde im Rennen über einen gestürzten Reiter. Etwas später gab es Windhunde. Auch von ihnen erinnere ich nur eine unerfreuliche Szene: Aus irgendeinem Grunde waren wir eines Morgens alle aufgebrochen; die Hunde, die neu waren und sich erst eingewöhnen sollten, blieben im Schlafzimmer meiner Mutter zurück. Sie untersuchten natürlich alles und entdeckten eine große Schachtel mit Abführpillen. Die Pillen fanden sie offenbar besonders schmackhaft, weil sie mit einem Schokoladenguß überzogen waren. Keine einzige war übriggeblieben, sie hatten sie alle aufgefressen. Die Folgen fanden wir vor, als wir am Abend zurückkehrten: unvorstellbar.

Die nächste Serie waren Doggen. Der erste dieses Zeichens hieß »Mönch«, ein großer, gelbgestromter, furchterregender Bursche. Er kam in einer riesigen Kiste an, wurde aus seinem Gefängnis befreit und bekam erst einmal im Schlafzimmer meiner Mutter einen Korb als Lager zugewiesen. Als meine Mutter am Abend zu Bett gehen wollte, hatte er bereits darin Platz genommen und verteidigte knurrend und zähnefletschend seine Position. Meiner Mutter blieb nichts anderes übrig, als die Nacht auf dem Sofa zu verbringen.

Hunde waren aber nicht die einzige Passion, auch Hühner der ausgefallensten Rassen wurden angeschafft: Orpington, Plumethrocks und andere tauchten nacheinander auf dem von Frau Olschewski betreuten Hühnerhof auf. Die Plumethrocks waren prächtige, grau-schwarz gesprenkelte Hühner. Es gab fünf Hennen und einen Hahn. Sie waren noch nicht lange da, als wir auf den Gedanken kamen, auszuprobieren, was wohl passiert, wenn wir den Hühnern Brot zu fressen geben, das in Alkohol getränkt ist.

Der Effekt war verblüffend. Der stolze Hahn, ein herrliches Exemplar, fand besonderes Gefallen an dieser Speise. Es dauerte nicht lange, da stand er auf einem Bein und krähte ohne Unterlaß. Schließlich mußten wir zum Mittagstisch und konnten die Entwicklung nicht länger verfolgen. Bald war das Ganze auch vergessen. Groß aber war unser Entsetzen, als Frau Olschewski am Abend erschien und meiner Mutter berichtete, sie habe leider den wertvollen Hahn schlachten müssen, weil er plötzlich krank geworden sei. »Wieso denn krank?« – »Er zitterte und torkelte immerfort hin und her.« Wir machten uns schleunigst aus dem Staube.

Auf meinem Fuchs Alarich

Vom Balkon sah man einen großen, von Hecken eingefaßten Rasenplatz kilometerweit bis in die Pregelwiesen. Die Anlage stammte aus dem 18. Jahrhundert.

Von der gleichen Stelle bietet sich dem Beschauer heute dieses Bild. Urwald ist entstanden und hat nur eine kleine Lichtung übrig gelassen. Die Natur hat wieder Besitz ergriffen von dem, was die höfische Kultur ihr einst entrissen hatte.

Auch 1989 gibt es in Ostpreußen passionierte Reiter. Ob sie alle so gut sitzen wie dieses junge russische Mädchen, das der sowjetische Photograph Federenko im Bild festgehalten hat?

Sturm kündigt sich an, die Möwen fliegen landeinwärts, und diesmal haben sie Glück: beim Einfahren sind ein paar Hocken liegengeblieben.

Die Zeit scheint still
zu stehen, und die
Bilder verändern sich
anscheinend nicht:
Weide, Wasser, Wald
und schwarz-weißes Vieh.

Der See vor dem Schloß:
Dort, wo wir als Kinder baden durften, weil das Wasser seicht war, weiden heute die Kühe einer russischen Sowchose.

Nachzucht aus Trakehnen. Friedrich Wilhelm I. hatte 1732 das Gestüt Trakehnen in Ostpreußen gegründet. Vor dem Zweiten Weltkrieg gab es dort zwanzig Hauptbeschäler und 350 Mutterstuten, die nach Farbe eingeteilt waren: Füchse, Rappen, Braune …

spät wurde Trakehnen 1945 evakuiert. Es gelang nur, 140 Mutterstuten und 200 jüngere Pferde nach Westen zu verladen. Heute leben Trakehner auf verschiedenen Gütern wie diese in Schleswig-Holstein auf dem Gut Panker.

Manchmal vergrößerte sich unser Trio durch einige der Trakehner Lehndorffs. Der Landstallmeister Graf Siegfried Lehndorff, Chef des Gestüts Trakehnen, hatte fünf Söhne und eine Tochter; die ältesten waren so etwa in unserem Alter. Deren Mutter war übrigens eine Tochter des erzkonservativen Herrn von Oldenburg-Januschau, der politisch und auch als Nachbar Hindenburgs eine gewisse Rolle gespielt hat. Mein Vater schätzte ihn gar nicht, er war ihm zu reaktionär, aber die Leute amüsierten sich sehr über die junkerlichen, oft deftigen Bonmots, die von ihm kursierten: »Die Krippen sind immer dieselben, nur das Rindvieh, das draus frißt, das wechselt«, sagte er im Hinblick auf die Wahlen zum Reichstag. Er war auch der Erfinder des oft zitierten Wortes »vom Leutnant und zehn Mann«. Er hatte vor dem Ersten Weltkrieg im Reichstag erklärt: »Der König von Preußen und Kaiser von Deutschland muß jeden Moment imstande sein, zu einem Leutnant zu sagen: ›Nehmen Sie zehn Mann und schließen Sie den Reichstag.‹«

Die gelegentliche Zusammenrottung mit den vielen Lehndorffs bot große Möglichkeiten zu neuen Unternehmungen: Verstecken im Dunkeln durchs ganze Haus in Preyl war höchst beliebt. Sehr aufregend auch das Ausnehmen von Krähennestern: Man mußte auf Kiefern steigen, die meist bis hoch hinauf astlos waren, so daß wir nur mit Hilfe von Steigeisen hinaufkamen, wie die Angestellten der Post sie benutzen, um auf die Telefonmaste zu steigen.

Natürlich spielten Pferde nun eine noch größere Rolle als zuvor, denn nun brachten wir gelegentlich einen Teil der Ferien auch in Trakehnen zu. Das berühmte Gestüt war 1732 von Friedrich Wilhelm I., dem Vater Friedrichs des Großen, gegründet worden. Es beherbergte schon damals über tausend Pferde, darunter fünfhundert Mutterstuten, denn der König hatte die Bestände der vielen »Stutereien«, die überall in Ostpreußen verstreut waren, zusammengezogen und sie in Trakehnen untergebracht.

Mit den Jahren war immer mehr Areal dazugekommen, so daß Trakehnen zu unserer Zeit etwa sechstausend Hektar groß war und dreihundertfünfzig ausgewählte Mutterstuten besaß, die nach Farben in Herden eingeteilt wurden: Füchse, Schwarzbraune, Rappen und eine gemischte Herde.

Pferden hatte schon immer meine Liebe gegolten, aber in Trakehnen lernte ich sie als ein dem Menschen ebenbürtiges Geschöpf kennen. Jeder

der zwanzig Hauptbeschäler lebte in einem eigenen Pavillon mit dem dazugehörigen Auslauf und wurde als individuelle Persönlichkeit behandelt. Ihr Stammbaum ging, nicht anders als der der im »Gotha« verzeichneten Adligen, weit zurück in ferne Jahrhunderte. Einer von ihnen, der Hengst »Tempelhüter«, erhielt schon zu Lebzeiten ein Bronzedenkmal in Lebensgröße, das in Trakehnen vor dem Amtssitz von Onkel Siegfried Lehndorff stand. Die Russen haben es nach Moskau geholt, wo es heute vor einem landwirtschaftlichen Institut Aufstellung gefunden hat.

Mir hat zu unserer Zeit ein anderer Hengst besonderen Eindruck gemacht. Er hieß »Master Magpie« und zeichnete sich dadurch aus, daß er einen Maulkorb tragen mußte, weil er so nervös war, daß er sich selber Stücke aus dem Fell biß: überall am Körper hatte er inzwischen verheilte, aber haarlose Stellen. Legendär erschienen mir auch die beiden Schimmelhengste: »Cancara«, der, als er in seinem Auslauf herumwanderte und eines Tages die Meutehunde erblickte, die hinter einer Schleppjagd herjagten, über den ein Meter achtzig hohen Koppelzaun sprang, um sich dem Feld der galoppierenden Pferde anzuschließen. Von seinem Großvater »Nana Sahib« berichtet nicht die Legende, sondern das Buch des Oberlandstallmeisters, daß er die zwei Meter hohe Mauer, die ihn einfriedigen sollte, übersprang, so daß sie erhöht werden mußte.

Trakehnen war unglaublich eindrucksvoll: eine herrliche Landschaft, alte Alleen, weiß gestrichene Koppelzäune, grüne Weiden und edle Pferde, so weit das Auge schweifte. Wer einmal eine Reitjagd dort erlebt hat, wer mit angesehen hat, wie passioniert und mit welchem Schwung die Pferde über die vielen Hindernisse gingen, der wird diesen Anblick gewiß nicht vergessen.

Von den damals sieben jungen Lehndorffs hat nur einer den Krieg überlebt, der Arzt Hans Lehndorff, Verfasser des einzigartigen »Ostpreußischen Tagebuchs«. Seine Brüder sind gefallen, der jüngste mit neunzehn; der älteste, der damals – weil drei der Brüder gefallen waren – vom Frontdienst zurückgestellt worden war, ist beim Einmarsch von den Russen erschossen worden, zusammen mit seiner Mutter, die gerade aus einem Nazigefängnis befreit worden war. Heini Lehndorff, der Vetter aus Preyl, ist, wie berichtet, nach dem 20. Juli 1944 in Plötzensee hingerichtet worden; sein einziger Bruder fiel kurz vor seinem fünfundzwanzigsten Geburtstag in Rußland. Hitlers Krieg hat unter den Familien im Osten erbarmungslos gewütet. Die beiden Söhne meiner ältesten Schwester, noch nicht zwanzig, und der einzige Sohn meiner anderen Schwester, gerade erst zwanzig, sie alle sind im Osten gefallen.

Damals aber, in Friedrichstein, Preyl oder Trakehnen, waren wir alle noch fröhliche, junge Leute, ritten oder jagten zusammen und hatten gemeinsam Tanzstunde in Preyl, zu der ein Tanzlehrer aus der Stadt kam. Aber es war nicht nur lustig. Strenge waltete stets, und Strafe folgte auf dem Fuß. Ich wurde einmal schwer gestraft, indem ich zu dem ersten Film meines Lebens, dem ich mit großer Erwartung entgegengesehen hatte, nicht mitgehen durfte. Als große Ausnahme sollten damals alle Kinder unter der Aufsicht einer Hauslehrerin nach Königsberg fahren, um einen zu jener Zeit sehr berühmten Film zu sehen.

Ich hatte am Abend zuvor beim Versteckspielen Heini Lehndorff im Eiskeller – wohin er sich geflüchtet hatte – eingeschlossen, indem ich den Riegel von außen vorschob. Das war natürlich ohne viel Nachdenken geschehen, und ebenso gedankenlos hatte ich ihn dort vergessen. Durch seinen Lärm herbeigerufen, hatte ihn ein guter Geist ziemlich erfroren befreit.

Natürlich hatte sich die Kunde durch den guten Geist verbreitet, nicht durch Heini Lehndorff – das wäre ganz gegen den Ehrenkodex gewesen. Und natürlich akzeptierte ich die drakonische Strafe mit gespielter Gleichgültigkeit, auch dies ein ungeschriebenes Gesetz: Betteln wäre würdelos gewesen.

Der fragliche Eiskeller, neben der Küche gelegen, war übrigens nach dem neuesten Stand der Technik konstruiert. Ein großer, fensterloser, gekachelter Raum, der Platz bot für ein Rind, mehrere Stücke Wild und für die Dinge, die auf Regalen abgestellt wurden. Daneben, nur durch ein Eisengitter getrennt, befand sich jenes dunkle Gelaß für Eis, das stets bis zur Höhe des Eisengitters mit Eisblöcken aus dem bereits beschriebenen Keller aufgefüllt wurde.

Der Ortswechsel Friedrichstein/Preyl brachte es mit sich, daß wir jeweils anderen Autoritäten unterstanden, was uns früh mit der Relativität von Autorität vertraut machte. In Preyl waren ganz andere Dinge verboten als in Friedrichstein. In Preyl durften wir beispielsweise die Küche nicht betreten und zwischen den Mahlzeiten nichts essen. Darum klauten wir im Hühnerstall Eier, in der Vorratskammer Zucker und stellten in einem alten Ofen, der sich in einem verlassenen Raum der Gärtnerei befand, Baisers her. Wir hatten erkannt, daß man sich zufälligen Verboten gegenüber opportunistisch verhalten müsse; es genüge, meinten wir, wenn man die Grundsätze beherzige, deren dauernden Wert wir selber eingesehen hatten.

Wie schon erwähnt, war jeden Morgen Andacht in Friedrichstein: alle Mädchen, Fräulein Schikor und Fräulein Quednau, der Diener Fritz und ein Junge, den er zur Hilfe hatte, waren anwesend. Wer von uns zu Hause war, mußte erscheinen. Das war selbstverständlich und wäre von uns nie in Frage gestellt worden, denn es war einzusehen, daß dies dazugehörte. Auch der Kirchgang am Sonntag war Pflicht. Alle gingen die lange, alte Lindenallee bis Löwenhagen zu Fuß, auch die Eltern, denn natürlich durfte am Sonntag der Kutscher nicht bemüht werden. Sie starteten als erste rechtzeitig, dann folgten nach einiger Zeit in ungeordneter Hast die Kleinen und am Schluß die Großen, die sich, um noch rechtzeitig anzukommen, auf Fahrräder schwangen. Da dies verboten war – weil man gesittet gehen sollte –, versteckten sie sie vor dem Dorf Löwenhagen im Gebüsch.

Der Pfarrer, der in Löwenhagen wohnte und an dessen Haus man vorbeikam, wenn zum Bahnhof gefahren wurde, mußte ehrerbietig gegrüßt werden. Oft saß er am Fenster und machte seine Predigt; dann verneigten wir uns, egal ob er aufblickte oder nicht. An Werktagen konnte er meist gar nicht umhin, den herrschaftlichen Wagen wahrzunehmen, denn auf dem Kopfsteinpflaster hörte sich ein gefederter, rasch dahineilender Wagen ganz anders an als die Bauerngefährte. Dieser Ton, in der Kindheit so oft vernommen, hat sich mir fürs Leben eingeprägt. Genauso wie jenes andere Geräusch: wenn Grenda beim Vorfahren vor dem Schloß die Pferde zur Eile antrieb und dann mit großem Schwung die Kurve nahm, so daß der Kies mit hellem Klang gegen die Speichen spritzte.

Kutschwagen gab es jede Menge, auch sie wohl ein Requisit, dem höfischen Beispiel nachgeahmt. Sie waren aufgereiht in einer langen Wagenremise. Da standen Einspänner und Zweispänner aller Größen und verschiedener Eleganz, Jagdwagen und ein Coupé. Letzteres wurde bei Begräbnissen und für Kranke benutzt – im normalen Leben nur, wenn »Seine Exzellenz« oder »Ihre Exzellenz«, wie die Leute sagten, bei sehr schlechtem Wetter irgendwohin reisen mußten.

Grenda, der viel Sinn für Dramatik hatte, hat mir mehrfach als seine Rekord- und Glanzleistung geschildert, wie er bei meiner Geburt den Doktor aus Königsberg hatte holen müssen. Ich bin, wie alle meine Geschwister, zu Haus in Friedrichstein zur Welt gekommen. In diesem Fall, so der Bericht, »kam Seine Exzellenz und sagte: ›Es geht los, spann an, fahr so schnell du kannst, auch wenn's die Pferde kostet.‹« Die Entfernung nach Königsberg betrug zwanzig Kilometer, Grenda behauptete, in drei Stunden mit Professor Unterberger wieder zurück gewesen zu sein.

Zu den Pflichten gehörte selbstverständlich, daß wir unsere Tiere – Hunde und Kaninchen – selber versorgten und alle Unordnung, die dabei angerichtet wurde, auch wieder beseitigten. Der Sinn für Hilfsbereitschaft wurde uns so intensiv eingeimpft, daß ich noch heute den Reflex verspüre, aufspringen zu wollen, wenn irgend jemandem etwas herunterfällt oder wenn ein Passant Hilfe braucht.

Die Regel war, daß wir stets zuerst grüßten, nicht nur den Pfarrer und den Kantor, der alltags in der Dorfschule unterrichtete und am Sonntag in der Kirche die Orgel spielte – übrigens war die Ehrerbietung, die ihm gezollt wurde, um einige Nuancen geringer als die für den Pfarrer –, sondern auch die Arbeiter. Das hätten wir freilich ohnehin getan, denn wir kannten ja alle, und viele waren gute Freunde, beispielsweise die Gespannführer.

Sie erlaubten mir bei der Ernte das Weiterfahren von Hocke zu Hocke. Alle Wagen wurden »viererlang« gefahren, vom Sattel aus. Da saß ich dann ganz stolz im Sattel auf dem linken Hinterpferd und mußte achtgeben, daß die Vorderpferde sich nicht in den Sielen und Leinen verfingen und auf Zuruf vorrückten zur nächsten Hocke. Aber wehe, wenn ich nicht aufgepaßt hatte. Dann wurde gewaltig geflucht, und ich durfte ein paar Tage nicht erscheinen. Verschiedenes guckten wir diesen strengen Lehrmeistern ab: Bogenspucken zum Beispiel. Wir konnten es alle, ich brachte es auf vier

Meter; nur mit der Viererzug-Peitsche knallen, das schaffte ich nicht. Dafür konnte ich, worum die Geschwister mich sehr beneideten, auf den Fingern pfeifen. Sie rächten sich, indem sie verbreiteten, ich hätte diese Kunst auf Grendas Fingern erlernt.

Vom Ursprung des Großgrundbesitzes

Fast jede Generation hatte ihre Spuren im Schloß hinterlassen, nur ein Raum, der im oberen Stockwerk gerade über dem großen Gartensaal lag, war nie beendet, ja nicht einmal verputzt worden. Er befand sich noch im Zustand des Rohbaus und hieß deshalb der »wüste Saal«. Dort hatten die verschiedenen Generationen Möbel und vor allem Kisten abgestellt, mit Dingen, die sie gerade nicht brauchten oder die sie gesammelt hatten, deren Sammlung aber nie abgeschlossen worden war. Wir Kinder genossen es, dort herumzustöbern.

Viel später, als ich erwachsen war und an meiner Doktorarbeit schrieb, war der »wüste Saal« für mich eine Fundgrube, denn dort entdeckte ich viele Dokumente, die für mein Thema wichtig waren. Die Aufgabe dieser Arbeit war es, zu untersuchen, wie ein so großer Besitz eigentlich entstanden ist, und zwar, wie der Untertitel lautete: »Von der Ordenszeit bis zur Bauernbefreiung«. Ich fand dort unter anderem die Kassenbücher der Hauptverwaltung, die seit 1790 lückenlos erhalten geblieben waren, sowie höchst interessante Tagebücher meines Urgroßvaters von 1790 bis 1815 in französischer Sprache. Sie deckten mithin die »Franzosenzeit« und die Freiheitskriege ab sowie seine Verhandlungen mit Napoleon über die Kriegskontribution. Das ganze Material ist mitsamt dem Archiv verbrannt.

Wann also und auf welche Weise sind jene großen Besitze im Osten entstanden? Als die Ordensritter im 13. Jahrhundert die Weichsel überschritten hatten und sich in den riesigen Wäldern des Ostens ansiedelten, war die Landesverteidigung ihre Hauptsorge. Ein stehendes Heer konnte der Orden sich nicht leisten, darum knüpfte er an den Besitz von Grund und Boden die Verpflichtung zum Ritterdienst und schuf damit eine Klasse, die über großes Areal verfügte und dafür Kriegsdienst leisten mußte. Und zwar verlangte der Orden für jeweils vierzig Hufen (eine Hufe gleich siebzehn Hektar) einen schweren Reiterdienst, das heißt, wer vierzig Hufen hatte, mußte vollgepanzert mit schweren Waffen und »einem bedeckten, der Rüstung angemessenen Rosse, begleitet von zwei anderen Reitern«, Dienst leisten. Bei weniger als vierzig Hufen Besitz waren nur leichte Waffen und ein Pferd vorgeschrieben.

Während sich der Orden in den ersten Jahrhunderten das Eigentum an Grund und Boden vorbehielt und die Güter nur als Lehen vergab, waren in späterer Zeit bei schlechter Wirtschaftslage die Rückstände an Söldnerführer und andere Gläubiger zu solch riesigen Summen aufgelaufen, daß er dazu übergehen mußte, sie ihnen zur Befriedigung jener Forderungen zu überlassen. So begann die zweite Epoche, in der der Orden sich genötigt sah, Güter zu verkaufen oder gegen Bargeld zu verpfänden und damit den privaten Besitz zu vergrößern.

Der erste Dönhoff, der von Livland kommend sich 1620 in Ostpreußen niederließ, war Magnus Ernst. Er war als polnischer Gesandter an den Höfen von Sachsen und Brandenburg nach Deutschland zurückgekommen und hatte am Pregel das Kammeramt Waldau pfandweise erworben. Sein Sohn Friedrich kaufte 1666 zum Preis von 25.000 Talern den Grundstock der Friedrichsteiner Güter »mit aller und jeder Zubehör und Nutzung, allen Rechten und Gerechtigkeiten, Jurisdiktionen, großen und kleinen, auch Straßengerichten, item anderen Herrlichkeiten, Jagden und Fischereien, Krug und Kruggerechtigkeiten, Mühlen und Mühlenstätten ...«

In den nächsten Jahrzehnten wurden von ihm weitere Güter gegen Barzahlung erworben. Daß bar gezahlt werden konnte, war offenbar darauf zurückzuführen, daß die Bodenpreise entsprechend den geringen Erträgen extrem niedrig waren, während Staatsstellungen verhältnismäßig hoch cotiert wurden. So geht aus einer Aufstellung von Friedrich Dönhoff für die Jahre 1691 bis 1695 hervor, daß die Einnahmen aus seiner Stellung als Amtshauptmann und Gouverneur der Festung Memel etwa die gleichen waren wie die aus den 4.250 Hektar großen Friedrichsteiner Gütern – sie beliefen sich in beiden Fällen für diese fünf Jahre auf rund 27.000 Taler.

Übrigens waren Pfandverträge für die Gläubiger gewöhnlich sehr ungünstig, weil der Pfandgeber, wenn er nach dreißig Jahren das Pfand wieder einlösen wollte, dem Pfandnehmer alle während jener Zeit getätigten Aufwendungen ersetzen mußte, wozu er meist gar nicht in der Lage war. Vereinbarungen über Zinsen gab es nicht, weil man von der Vorstellung ausging, daß die Nutzung eines Pfandobjekts in jedem Fall der Nutzung des geliehenen Kapitals entspreche – eine Auffassung, die aus dem naturalwirtschaftlichen Denken jener Zeit hervorging.

Die Pfandübertragung ist die typische Form der Kreditfundierung, die das ganze Mittelalter beherrscht und bis weit in die Neuzeit hineinreicht. Als beispielsweise die Stadt Bern Anfang des 18. Jahrhunderts Österreich eine Anleihe gewährte, wurde über die Verpfändung der österreichischen »Vorlande« nebst allen »Hoheitsrechten« verhandelt sowie über die sofortige Übertragung des Pfandes an den Gläubiger. Und noch im Jahr 1768 mußte die Republik Genua dem französischen Staat die Insel Korsika zum Pfandbesitz überlassen.

Fünfzig Jahre nach Friedrich Dönhoff, unter seinem Enkel, wurden 1747 die angrenzenden Güter Borchersdorf und Weißenstein dazuerworben, zunächst pfandweise, aber nach dreißig Jahren gingen sie in das Eigentum des Besitzers von Friedrichstein über. In einer Chronik der Zeit heißt es: »Da beide Güter an der Landstraße liegen, haben sie sehr unter den Kriegswirren gelitten und sind zum größten Teil verwüstet. Von Weißenstein heißt es: »Von dreizehn Bauern sind nur noch vier auf ihren Höfen, und davon nur noch zwei leidlich im Stande.« Der dritte ist in der Kriegszeit geflohen, dann aber wiedergekommen, sein abgebrannter Hof wird nur noch auf achtzig Mark geschätzt. Der vierte Bauer hat nichts mehr, »ist im Kriegswesen davongelaufen und hat sich in der alten Stadt Königsberg aufgehalten, von dort aber wiedergeholet und aufs Erb gesetzt.« Die übrigen neun Höfe sind wüst; bei vier von ihnen heißt es, daß von den Gebäuden nichts mehr vorhanden ist als »etzliche alte Balken und Stücken Brennholz«. Ihr Wert wird auf zwanzig Mark geschätzt. »Von den übrigen fünf Erben ist an Gebäuden gar nichts mehr erhalten.«

Von allen Gütern, die im Laufe von hundert Jahren gekauft wurden und die zusammen den Besitz Friedrichstein bildeten, war nur eines in »hervorragendem Zustand«: Barthen. Für alle anderen war der Grund zum Verkauf stets ihre hohe Verschuldung und die schlechte wirtschaftliche Lage, die in den meisten Fällen auf kriegerische Verwüstungen durch Russen, Polen oder Schweden zurückgingen. Nur wer wie Otto-Magnus Dönhoff – der in den ersten Jahren des 18. Jahrhunderts das Schloß erbaute – hohe Staatsämter bekleidete, konnte es sich leisten, derart verwahrloste Güter zu erwerben und sie instand zu setzen.

Otto-Magnus war Erster Gesandter am Deutschen Kaiserhof, Geheimer

Staats- und Kriegsminister, Preußischer Ambassadeur beim Friedenskongreß zu Utrecht, Generalleutnant und Gouverneur zu Memel. Als er 1713 das zweitausend Hektar große Gut Hohenhagen erwarb, waren alle Gebäude baufällig, die meisten Leute weggezogen, es gab kaum noch Vieh; »der Wald war ausgehauen und ruinieret, der Acker aus der Kultur und Düngung«.

Als besonders verdienstvolle Tat unter den von ihm eingeführten Verbesserungen wird erwähnt, daß er im Stall einen Brunnen bauen ließ, von dem aus man das Wasser in die Tränkrinnen leiten konnte, so daß man die Kühe im Winter nicht mehr an den vereisten Teich zu treiben brauchte.

Man macht sich gar keine Vorstellung davon, wie primitiv um diese Zeit auf dem Lande gewirtschaftet wurde. Einen gewissen Begriff davon gibt der Auszug aus einer Chronik des 18. Jahrhunderts, die eine in Hohenhagen aufgestellte Häckselmaschine als das Meisterwerk moderner Technik preist. Es heißt dort: »Ein solches Werk war vor diesem in ganz Preußen noch nie gesehen worden, auch kein Künstler hier im Lande anzutreffen, der eine solche Häckselmühle anzugeben imstande war, derohalben ließ Graf Friedrich Dönhoff aus Berlin einen ihm bekannten Mühlebaumeister namens Rammin anhero kommen, welcher mit dem Friedrichsteiner Müller Krebs, den er dazu anleitete, im Jahr 1750 im Friedrichsteiner Krug die hölzernen Stücke dazu anfertigte. Das Eisenwerk davon ward bei dem geschicktesten Schmiede in Königsberg bestellt, nachgehend mit dem Holzwerk zusammen nach Hohenhagen gebracht und allda mit der dort vorhandenen Roßmühle verbunden.«

Es folgt dann eine umständliche Beschreibung der Mechanik: »Die Mühle wird von zweien Pferden in der untersten Etage gezogen, in der obersten Etage stehet die Lade, wovon das Messer mit einem Schnitt jedesmal zwölf Zoll dick aufeinander gepresstes Stroh durchschneiden kann. Es werden zwei Personen dazu gebrauchet, wovon der eine unten die Pferde im Kreise treibet, der andere in der oberen Etage das Stroh, sooft es sich in der Lade vermindert, nur von neuem einlegen darf. Die Schnitte folgen sehr geschwinde aufeinander und der beschnittene Häcksel fällt durch ein hierzu bereitetes Loch in eine aparte Häckselkammer.«

Die Freude des Chronisten über dieses Werk ist begreiflich, wenn man weiterhin hört, daß bisher auf jedem Vorwerk ein paar Knechte von morgens bis abends damit beschäftigt waren, das Stroh zu Häcksel zu schneiden, und diese nun, nachdem der gesamte Häckselbedarf aller Vorwerke in Hohenhagen befriedigt wurde, zu anderer Arbeit verwandt werden konnten. Die Kosten dieses Wunderwerks beliefen sich auf zweihundert Taler.

Noch lange Zeit war das Leben auf dem Lande einfach und der Zuschnitt sehr bescheiden. Achtzig Jahre nach Erfindung jener Häckselmaschine, 1830, weist das Budget des Enkels von Friedrich Dönhoff als Einnahme 34.997 Taler aus, denen Ausgaben von 33.946 Talern gegenüberstehen. Der größte Posten unter den Ausgaben betrifft »zurückgezahlte Capitalien« mit 17.733 Talern; der nächste Erziehung und Unterhalt der sieben Kinder 5.408, ferner »Zinszahlungen an meine Familie 4.018 und Zinsen für aufgenommene Capitalien 4.998 Taler«. Alles andere sind minimale Beträge, beispielsweise »persönliche Ausgaben« (Kleider, Bücher, Reisen, Geschenke, Trinkgelder, Wein, Porto und ähnliches) 373 Taler. »Zur Bestreitung des Haushalts« (Gewürze, Reis, Zucker, Salz, Heringe, Seife, Licht, Bekleidung der Leute) wurden 224 Taler verwendet.

Für den Eigentümer eines sechstausend Hektar großen Besitzes ist dies wahrlich nicht sonderlich üppig. Allerdings hatte der allgemeine Zustand der Wirtschaft noch immer unter den Nachwehen der Napoleonischen Kriege zu leiden. Damals mußten einhundertfünfzig Millionen Taler Kriegskontribution an Frankreich bezahlt werden – eine zu jener Zeit unvorstellbar große Summe.

Pest und Krieg verwüsten die Güter

Ostpreußen hat es zu allen Zeiten schwer gehabt: Hundert Jahre zuvor, zwischen 1708 und 1711, hatte die Pest Ostpreußen entvölkert; man schätzt, daß 250.000 Menschen – bei einer Gesamtbevölkerung von 600.000 also fast die Hälfte – in diesen wenigen Jahren den Tod fanden. Dies war auch der Grund, warum jahrzehntelang immer wieder über verlassene Bauernhöfe und fehlende Arbeitskräfte geklagt wurde.

In den Jahren 1756/63, während des Siebenjährigen Krieges, waren durch viele Einquartierungen und infolge durchziehender Truppen alle Bestände und Vorräte, häufig auch Vieh und Pferde, requiriert worden. In den Berichten heißt es: »1757, nach der verlorenen Schlacht von Großjägersdorf (bei Wehlau), hatte sich die preußische Armee in westlicher Richtung zurückgezogen und in den Friedrichsteiner Gütern während acht Tagen ihr Lager aufgeschlagen – der dadurch entstandene Schaden wird auf viertausend Taler geschätzt. Kurz darauf schlug eine Brigade der kaiserlich-russischen Armee ihr Hauptquartier in Friedrichstein und den umliegenden Ortschaften auf. Im Frühjahr 1759 erschien die russische Armee abermals, und zwei Regimenter wurden während vieler Wochen in den hiesigen Gütern repartiert. Als die Armee dann endlich abrückte, wurden die Gutswirtschaft und die Bauern gezwungen, Fourage- und Proviantfuhren zu leisten und die Armee während vieler Wochen zu begleiten. Noch im August 1761 sind fünfzehn zweispännige Wagen mit Proviant und Transporten über Kulm nach Posen und Schlesien geschickt worden und zum Teil über vier Monate unterwegs gewesen.«

In einem Bericht des Grafen Dönhoff an den König vom 20. September 1757 schildert dieser den »considerablen Schaden«, der seinen Gütern durch das Plündern und Marodieren der Armee zugefügt worden sei, besonders durch das Verhalten der schwarzen Husaren, die in einigen Dörfern schwer gehaust haben: »Alle Türen erbrochen, die Leute verprügelt, gestohlen, die Gebäude zum Teil mutwillig demoliert und die Vorräte einschließlich Saatgut requirieret.«

Die Güter im Osten waren eine Mischform von Gutsbetrieb, den der Eigentümer selbst bewirtschaftete, oft Vorwerk genannt, und von zinszahlenden Bauern, die auf Gutsland saßen. Der Betrieb bestand also aus dem Vorwerk, das eigene, festangestellte Leute hatte, und dem sogenannten Dorf, worunter man die Zusammenfassung der Bauern, Handwerker und Instleute verstand – dazu gehörte meist als sozialer Mittelpunkt ein Krug. Die Bauern mußten acht bis vierzehn Tage im Jahr den sogenannten Scharwerkdienst auf dem Gut leisten. Sie hatten gewöhnlich zwei bis drei Huben gegen Zins in Erbpacht; der Zins betrug während des 18. Jahrhunderts etwa zehn bis zwanzig Taler je Hube. Die Spezialisierung unter den Handwerkern war weit größer, als man es sich heute vorstellen kann; aus den Lohntabellen, die ich in den Rechnungsbüchern fand, ergeben sich folgende Differenzierungen:

Maurer	Tischler	Nagelschmied	Seiler
Zimmermann	Glaser	Kupferschmied	Bürstenmacher
Brettschneider	Pumpenbohrer	Klempner	Leinweber
Stellmacher	Ziegler	Kürschner	Schuster
Schirr- und	Töpfer	Sattler	Strohdecker
Rademacher	Hufschmied	Riemer	Schornsteinfeger
Böttcher	Grobschmied	Weißgerber	

Erstaunlich erscheint mir, daß Georg Friedrich Knapp mit seinem berühmten Buch »Die Bauernbefreiung und der Ursprung der Landarbeiter in den älteren Teilen Preußens«, Leipzig 1887, hundert Jahre lang die Wissenschaft mit seiner Theorie beherrschen konnte, die großen Güter seien durch »Bauern-Legen« entstanden; wahrscheinlich war das nur möglich, weil diese Ansicht den Vorurteilen vieler Leute entsprach. Richtig ist, daß durch das Edikt vom Oktober 1807, welches allen Bauern die Freiheit verschaffte, die Masse der Kleinstbauern, die den Rückhalt an der Gutsherrschaft verlor, zu Landarbeitern deklassiert wurde; aber das Interesse der Gutsbesitzer war nicht auf mehr Land gerichtet, sondern darauf, möglichst viele zinszahlende Bauern zu erhalten. Das Edikt lautete: »Mit dem Martini-Tag 1810 hört alle Gutsuntertänigkeit in unseren sämtlichen Staaten auf. Nach dem Martini-Tag 1810 gibt es nur noch freie Leute.«

Das klang gut, aber in der Durchführung lag auch damals die Schwierigkeit: Abwicklung und Entschädigung zogen sich über Jahre hin, viele Bauern verschuldeten sich, bei Wirtschaftskatastrophen half die Gutsherrschaft nicht mehr aus wie bisher; mancher Bauer machte Bankrott und war froh, wenn die Gutsherrschaft sein Land übernahm und ihn auszahlte.

Vor dem Edikt war den Gutsherren gar nichts anderes übriggeblieben, als in Notfällen Hilfsaktionen, unter Umständen auch großen Ausmaßes, durchzuführen. In dem Bericht, in dem Dönhoff von dem »considerablen Schaden« spricht, der in den Friedrichsteiner Gütern entstanden ist, schildert er, wie sehr auch seine im Kreise Wehlau gelegenen Eyserwagenschen Güter gelitten haben; so sehr, daß er sich genötigt sah, den Untertanen für bares Geld aus den Speichern von Königsberg und Wehlau Saat und Brotgetreide zu kaufen, damit sie bis zur nächsten Ernte überlebten. »Welcher Schaden nachher bei gerichtlicher Untersuchung über 22.000 Taler betrug.

Um aber die Eyserwagenschen Bauerndörfer mit neuem Inventar zu besetzen, in dem von dreißig dortigen Wirten nur einige ein Pferd und viele gar nichts behalten, ließ ich durch verschiedene Juden und Entrepreneurs aus Polen soviel Vorwerk und Bauernpferde vor bares Geld erkaufen, als es nötig war, einen jeden Wirt mit vier Stück zum Anfang unter die Arme zu greifen, zugleich den Vorwerksbetrieb wieder in Gang zu bringen und auch die sämtlichen ruinierten Gebäude hiernechst teils ausbessern, teils von Grund aus neu erbauen zu lassen.«

Dies als »Bauernlegen« zu bezeichnen, ist einfach irreführend.

Noch aus einem anderen Grund war die Bauernbefreiung nicht so befreiend, wie das Edikt der Reformer verheißen hatte: Viele Vorrechte der Gutsherren blieben aus Gründen der Gewohnheit bestehen oder wurden durch eine rigorose Gemeindeordnung und ein Landarbeitergesetz von neuem begründet. Das Gesetz wurde in den fünfziger Jahren des vorigen Jahrhunderts erlassen und behielt bis zum Ende des Ersten Weltkriegs seine Gültigkeit. Die Gutsbezirke blieben überdies als Verwaltungseinheiten bestehen, was den Gutsherren praktisch die Fortsetzung eines Teils der Feudalherrschaft sicherte, denn in ihrer Person war weiterhin die Selbstverwaltung in ihrem Bezirk verkörpert. Sie waren es, die dort die Polizeigewalt ausübten.

Knapp hatte deduziert, daß die großen Güter des Ostens nur entstehen konnten, weil Bauern in großem Stil »gelegt« worden seien. Er war an die Grundherrschaft des Westens gewöhnt und konnte sich offenbar nicht vorstellen, daß es im Osten vom Anbeginn an eine Gutswirtschaft gab. Er wollte nicht glauben, daß der Großgrundbesitz im Osten nicht durch das »Legen« einzelner Bauernhöfe entstand, sondern durch das Aneinanderreihen kleiner und mittlerer Rittergüter, die ihrerseits aus einer Gutswirtschaft und einem Sektor bäuerlicher Wirtschaften bestanden.

Im Gegensatz zu dieser Theorie hat der Besitzer von Friedrichstein Anfang des 17. Jahrhunderts neun neue Dörfer im Pregeltal gegründet, auf denen siebenundsiebzig Bauern mit zusammen etwa tausend Hektar als »Freiholländer« angesetzt worden sind. Sie waren freie Bauern, zu keinem Scharwerk verpflichtet; die ersten vier Jahre, in denen sie das zum Teil sumpfige Land kultivieren mußten, blieben sie frei von Pachtzins, für die nächsten sieben Jahre zahlten sie pro Morgen (vier Morgen gleich ein Hektar) zwanzig Groschen, danach einen Gulden.

Unter den Dokumenten, die meine Doktorarbeit zutage förderte, befand sich auch ein Koffer mit Hunderten von Zetteln und Archivnotizen über den polnischen Zweig der Dönhoffs, der Ende des 18. Jahrhunderts ausstarb. Im Jahre 1791 sind die letzten beiden Frauen Dönhoffscher Abstammung in Polen gestorben. Offenbar hatte mein Großvater einen Sachkundigen beauftragt, Forschungen anzustellen mit der Absicht, dieses wertvolle Rohmaterial später einmal auszuwerten. 1945 ist es unbearbeitet mitsamt dem Archiv verbrannt.

Lange, ehe ich mich mit jener Doktorarbeit beschäftigte, schon als Kind, hatte ich neugierig die Porträts betrachtet und die seltsamen Namen buchstabiert, die in einem großen goldenen Rahmen zu sehen waren, welcher auf einem Tisch im Gartensaal in Friedrichstein stand. Auf den abgeschabten, bräunlichen Samt war eine Reihe von Miniaturen geheftet. Da sah man Ludwig XV. von Frankreich und seine Gemahlin Maria Lesczyńska, die Tochter des polnischen Königs Stanislaus Leszczyński; ferner zwei Porträts, die Gerhard Dönhoff, geboren 1590, Oberhofmeister in Polen, und seine Frau, Prinzession Sibylle von Brieg und Liegnitz, darstellten. Sie waren die Großeltern von Stanislaus Leszczyński. Die Frage aber, wie eigentlich aus deutschen Dönhoffs polnische Dönhoffs geworden sind, konnte ich erst aufklären, nachdem ich jenen Koffer und einige Kisten im »wüsten Saal« durchforscht hatte:

In den nordosteuropäischen Raum zwischen Weichsel und Peipussee, wo Deutsche, Polen, Russen, Schweden und Dänen jahrhundertelang miteinander gelebt und gegeneinander gekämpft, Bündnisse geschlossen oder sich gegenseitig umgebracht hatten und wo – je nachdem, wer gerade wen unterworfen hatte – bald der eine, bald der andere die Oberherrschaft ausübte, war meine Familie, aus dem Westen Deutschlands kommend, 1330 eingewandert. Über Jahrhunderte hielten sie an ihrer neuen Heimat fest, gleichgültig, wer dort gerade die oberste Herrschaft ausübte: der Orden, die Kirche, die Polen, Schweden, Russen oder Preußen.

Die Dönhoffs, die schon im Mittelalter ihre alte westfälische Heimat, den Dunehof an der Ruhr, verlassen hatten, um nach Osten zu ziehen, waren zunächst über ihre spätere Heimat Ostpreußen hinaus nach Livland gegangen und von dort aus um 1620 nach Preußen eingewandert. Der erste, der 1330 mit dem Schwertritterorden nach Osten kam, war der Ritter Hermanus Dönhoff, der eine Pappenheim zur Frau hatte. Er errichtete in Livland, und zwar am Muhsfluß, also südlich von Riga, einen zweiten Dunehof und wurde zum Stammvater eines neuen Zweiges der Familie, der achtzehn Generationen lang im Raum zwischen der Weichsel und dem Peipussee gelebt hat: in Livland bis zum Tod der letzten polnischen Dönhoffs, in Ostpreußen bis zum Einbruch der Russen im Januar 1945.

Der Schwertritterorden, zu dem der Ritter Hermanus sich offenbar mehr hingezogen fühlte als zum Deutschen Orden, der ihn gleich in Preußen seßhaft gemacht hätte, herrschte dreihundertfünfzig Jahre in Livland; 1567 mußte der letzte Ordensmeister Gotthard von Kettler vor den Polen die Unterwerfungsurkunde unterschreiben, und der Orden wurde aufgelöst. Laut Vertrag mußte das Land nördlich der Düna an Polen abgetreten werden, während das Gebiet südlich des Flusses in ein weltliches Herzogtum umgewandelt wurde. Da die Dönhoffs dort, wo sie waren, sitzenblieben, gab es nun mit einemmal sowohl deutsche wie polnische Dönhoffs.

Magnus Ernst Dönhoff, Woiwode von Pernau

Jener 1330 eingewanderte Hermanus und seine Nachfahren blieben also zunächst im Rigaschen Land, der älteste übernahm jeweils den Dunehof, die anderen Brüder traten in den Orden ein. Mit der siebten Generation sind sie zum ersten Mal auf der politischen Bühne zu sehen. »Gert der Olde« wurde Panierherr von Livland, was im 15. Jahrhundert viel bedeutete. Denn das Panier, das ursprünglich nur der Landesherr zu tragen berechtigt war, repräsentierte Autorität. In vielen Schlachten focht »Gert der Olde« neben dem Ordensmeister, und in friedlicheren Zeiten wirkte er am Aufbau der inneren Verwaltung mit. Inzwischen zur Reformation übergetreten, war er zu einem der größten Grundbesitzer des Landes geworden. Er starb 1574 in Riddelsdorf.

Stanislaus Ernst Dönhoff (1673-1728), Feldherr in Litauen, Woiwode in Plock.

Sein Bild hat sich mir unauslöschlich eingeprägt, denn in Friedrichstein hing ein Ölgemälde von ihm. Es zeigte ihn in Lebensgröße mit einem langen Ziegenbart und einer schwarzen Klappe über dem linken Auge. Wir Kinder bestaunten ihn sehr, denn man erzählte uns, er sei über hundert Jahre alt geworden und mit siebzig über einen Tisch gesprungen, um seinen dicken Sohn – dessen Porträt neben dem seinen an der Wand hing – Beweglichkeit zu lehren; eben dabei habe er sich ein Auge ausgeschlagen.

Unter den Miniaturen in dem goldenen Barockrahmen standen hinter dem Namen der Dönhoffs viele fremdländische Titel: Woiwode, Starost, Kastellan ... gelegentlich ist einer auch General und kämpft im polnischen Heer gegen die Türken. Ein anderer namens Johann Kasimir erhielt den Namen von seinem Paten, dem König Johann Kasimir, dem letzten Wasa auf dem polnischen Thron. Er wählte den geistlichen Stand, studierte in Rom, trat in die Hausprälatur von Papst Innozenz XI. ein, wurde vom polnischen König zum Gesandten in Rom ernannt und danach vom Papst zum Kardinal gemacht.

Alexander Dönhoff.

Ein anderer Dönhoff namens Caspar, geboren 1587, erwarb sich die Gunst des Hofes, weil er die ihm erteilte Mission, für den polnischen König Wladislaw IV. in Wien um die Hand der Schwester Kaiser Ferdinands III. – der Erzherzogin Cecilia Renata – anzuhalten, mit Erfolg absolvierte. Er wurde zum Fürsten und zum Krongroßmarschall ernannt. Seine drei Söhne heirateten in die großen Familien des Landes: die Radziwills, Leszczyńskis, Osalinskis.

Sein jüngerer Bruder Gerhard bewährte sich ebenfalls als Brautwerber: Er wurde von Wladislaw IV. nach dem Tod der Cecilia Renata nach Paris gesandt, um einen Ehekontrakt mit Louise Marie von Nevers Gonzaga, der reichen Tochter des Herzogs von Mantua, zu schließen. Aus Dank für die glückliche Erledigung dieses Auftrages wurde er zum Kastellan von Danzig und zum »Schiffs- und Kriegskommissar für die Seeflotte« ernannt. Er war in dieser Stellung der einzige polnische Admiral vor 1918 – allerdings nur theoretisch, denn zum Bau der Flotte ist es nie gekommen.

Eines Tages entdeckte ich durch Zufall, daß die Geschichte der Dönhoffs in Polen – obgleich die Familie 1791 ausgestorben war – auf rätselhafte Weise weitergegangen ist. Ich hatte nämlich, während ich als Journalistin durch Polen reiste, bei einem Gang zum Powazki-Friedhof ein Grabmal gesehen, auf dem stand: Miecio Denhoff † 1903.

Gestorben 1903? Wie denn das? Zur gleichen Zeit wie ich hatte ein polnischer Bekannter von mir, Andrzej Niewiadomski, dieselbe Entdeckung gemacht. Seine genealogische Neugier war erwacht, sein historisches Interesse angeregt; nach zwei Jahren, in denen er, ohne daß ich etwas davon wußte, alle möglichen Nachforschungen angestellt hat, teilte er mir das höchst amüsante Resultat seiner Recherchen mit:

Im Jahr 1782 wurde die Tochter des königlich-polnischen Kammerherrn Ernst-Nicolaus von Kleist, die damals fünfzehn Jahre alte Luise-Sophie, mit einem hohen und reichen Würdenträger, dem dreiundvierzigjährigen Woiwoden Graf Jan-Thaddäus von Syberg, verheiratet. Diese junge Dame führte in Warschau einen bemerkenswerten Salon, in dem sich die polnische Prominenz der Aufbruchszeit traf, also der Zeit vor der Verkündigung der neuen polnischen Verfassung von 1791.

In diesem Salon erschien eines Tages ein vierundzwanzigjähriger Jüngling, Sproß einer ebenfalls berühmten Familie, Stanislaw Ledochowski. Er war ein Mitstreiter des Generals und späteren legendären Freiheitskämpfers Tadeusz Kościuszko. Zwischen den beiden jungen Leuten entwickelte sich bald eine Romanze, die zu einem gesellschaftlichen Skandal ersten Ranges wurde. Ihr entsprossen drei Kinder, zwei Söhne und eine Tochter. Aus der Verlegenheit, welchen Namen sie tragen sollten, halfen sich die Eltern, indem sie ihnen kurzerhand den Namen Denhoff gaben; schließlich waren die Dönhoffs ausgestorben, der Name also frei, und eine Verwandtschaft gab es auch. Mithin erschien gegen dieses zwar verwunderliche, aber sehr zweckmäßige Verfahren nichts einzuwenden. Die beiden Söhne wurden Offiziere – dann verliert sich ihre Spur. Jener Miecio Denhoff, der 1903, neun Monate alt, starb und dessen Grabstein ich gesehen hatte, muß wohl ein Nachkomme von einem dieser Söhne gewesen sein.

Stanislaus Dönhoff, der letzte Besitzer von Dönhoffstädt, der 20jährig im Duell fiel.

Richtige Dönhoffs gab es also seit 1791 nur mehr in Ostpreußen. Sie saßen seit 1660 in Friedrichstein, das bis zum Ende des Zweiten Weltkrieges, also bis 1945, während acht Generationen stets vom Vater auf den jeweils ältesten Sohn vererbt worden ist. Es war Tradition, daß die nachgeborenen Kinder keine Erbansprüche stellten, aber eine Sicherheit, daß es immer so bleiben werde, gab es nicht. Darum beschloß mein Großvater, nachdem er und sein Vater durch äußerste, geradezu asketische Sparsamkeit alle Schulden abbezahlt hatten, den Besitz zum Fideikommiß zu machen.

Fideikommiß bedeutet, wie der Name sagt (fidei commissum = zu treuen Händen überlassen), daß der jeweilige Inhaber des Fideikommisses nicht Besitzer, sondern Treuhänder ist. Er konnte also nicht frei verfügen. Der Älteste erbte, alle nachgeborenen Kinder gingen leer aus; das heißt, die Mädchen bekamen eine Aussteuer, wenn sie heirateten, die Jungen eine angemessene Ausbildung. Für das Weitere mußten sie selber sorgen. Alle miteinander schließlich konnten im Alter auf diesem Besitz ihre Zuflucht finden. Die Weimarer Verfassung hat die Auflösung der Fideikommisse verfügt, es gab damals, also 1919, deren etwa 1.300 in Deutschland.

In der Einleitung zur Stiftungsurkunde von 1859 schreibt mein Großvater: »Ich, der gegenwärtige Besitzer der Friedrichsteinschen Güter, August Heinrich Hermann Graf Dönhoff, geboren zu Potsdam den 10. Oktober 1797, königlich preußischer Geheimer Rat und Mitglied des Herrenhauses, beabsichtige, durch Verwandlung dieser Güter in ein Fidei-Commiß mit Gottes Hilfe für die Zukunft einer solchen Gefahr (Zersplitterung durch Erbteilung) vorzubeugen, so viel es in meinen Kräften steht.

Seit vielen Jahren habe ich es für meine Pflicht gehalten, diesem Ziel mit Beharrlichkeit nachzustreben. Es ist meinen langen Bemühungen gelungen, die mit den Gütern überkommenen Schulden zu tilgen, und ich darf nunmehr hoffen, meinen Fidei-Commiß-Nachfolgern eine sorgenfreie Existenz und der ganzen Familie einen Stütz- und Anhaltspunkt für alle Zukunft zu sichern.

Mögen dagegen die künftigen Fidei-Commiß-Besitzer in dieser Stiftung eine dringende Aufforderung und eine Ehrenschuld sehen, sich nicht bloß zur Untätigkeit und zum Genuß berufen zu halten, sondern vielmehr – gleich wie die Stiftung selbst nur durch lange und strenge Wirtschaftlichkeit möglich geworden ist – auch ihrerseits in derselben Weise zur Erhaltung, Verbesserung und Vermehrung des Fidei-Commisses, auf die auskömmliche Existenz ihrer Witwen und Nachgeborenen und auf Ansammlung von Reserven zur Aushilfe bei Kriegszeiten und anderer Calamitäten in Zeiten ernstlich bedacht zu werden. Ganz besonders mache ich meinen Fidei-Commiß-Nachfolgern aber auch zur Pflicht, stets eingedenk zu bleiben, daß, da sie der Sorge für Lebensunterhalt überhoben sind, es vorzugsweise ihnen obliegt, wenn sie sonst dazu geeignet sind, höhere Interessen und namentlich die der öffentlichen Angelegenheiten des Landes zu vertreten.«

Keiner von uns hätte jene Regelung, die die Nachgeborenen bewußt und vorsätzlich benachteiligt, je beanstandet oder auch nur in Gedanken beklagt. Man war stolz, daß man einen so schönen Besitz zur Heimat hatte, und man wußte, daß er nie erhalten werden könnte, wenn es Realerbteilung geben würde. Mein ältester Bruder, der Besitzer von Friedrichstein, lebte selber unendlich bescheiden, steckte aber viel Geld in die Renovierung des Schlosses. Über Jahre hinweg wurde die häßliche, dunkelbraune Farbe, die man im 19. Jahrhundert bevorzugt hatte, von den Boiserien gelöst, darunter die Originalfarben wieder hervorgeholt und die Ölvergoldung durch Blattgold ersetzt.

Schloß Friedrichstein im Schnee.

In jedem Sommer verbrachte Alfred Sommerfeld, der Restaurator der Berliner Schlösser, mit seiner Familie vier Wochen Urlaub in Friedrichstein und führte Aufsicht über diesen Verschönerungsprozeß. Gerade vor Beginn des Zweiten Weltkriegs war die Restaurierung beendet, aber wenig später, im Frühjahr 1945 beim Einmarsch der Russen, wurde das in neuer Pracht entstandene Schloß eine Beute der Flammen.

Jenes System, bei dem der Privilegierte das Privileg durch eine gewisse Selbstlosigkeit zu kompensieren gehalten war, erzeugte im allgemeinen eine Haltung, die weg vom eigenen Ego auf das Ganze ausgerichtet war. Eine Neigung, die verstärkt wurde durch das Bewußtsein, in eine fest umgrenzte Gemeinschaft eingebunden zu sein. Egoistische, labile Naturen freilich mögen durch die Versuchung des Paternalismus dazu verführt worden sein, ihre Stellung auszunutzen und ihre Privilegien zu mißbrauchen. Aber ein System, das gegen Mißbrauch gefeit ist, ist noch nicht erfunden. Wo Menschen schalten und walten, da geht es eben »menschlich« zu.

Jede Revolution beginnt mit dem Versprechen, die soziale Ungerechtigkeit der bestehenden Herrschaftsstruktur zu beseitigen und Freiheit an die Stelle von Unfreiheit zu setzen. Meist aber dauert es nicht lang, bis andere Formen von Ungerechtigkeiten etabliert werden und an die Stelle der alten Unfreiheiten neue treten. Ist das Netz neuer Gesetze, Verordnungen, Tabus und Gebräuche fertig geknüpft, beginnen die Menschen sofort, nach Löchern zu suchen – und meist finden sie sie auch.

Außerdem sind offenbar jedem System spezifische Versuchungen zugeordnet. Bei Altmeister Eschenburg liest man in seinem Buch »Spielregeln der Politik«: »Warum hat es im Kaiserreich 1871-1918 kaum parlamentarische Korruptionsfälle, in der Weimarer Republik 1918-1933 sehr viel weniger als heute gegeben? War es die bessere Moral? Ein Grund ist, daß bis 1908 nicht einmal Diäten bezahlt wurden und daß sie auch nach 1918 relativ niedrig waren. Von Abgeordnetenpensionen war überhaupt nicht die Rede. Der heute überwiegende Typ des Berufspolitikers hingegen verlangt und erhält unvergleichlich viel mehr Geld als sein Vorgänger vor 1933. Die Kehrseite dieser an sich berechtigten Diäten- und Pensionsregelung ist, daß sich bei labilen Naturen auch ein Verlangen nach Versicherung gegen Mandatsverlust und nach Entschädigung für diesen Verlust einschleichen kann. Solche Sicherheit zu bekommen, ist ohne Korruption nicht möglich«. Soweit Eschenburg. Das Bestreben der Abgeordneten, sich soviel Unabhängigkeit wie möglich zu verschaffen, hat also auf dialektische Weise zu neuer Abhängigkeit geführt.

Wenn ich heute darüber nachdenke, erscheint mir das Verhältnis, das ich zu Friedrichstein hatte, als eine schwer zu definierende »Mischung« von grenzenloser Liebe und seltsam abstrakter Besitzerfreude. Ein bißchen so, wie man heute die bedrohte Natur liebt: man möchte sie behüten, für sie sorgen, fühlt sich auch verantwortlich, aber nicht als individueller Besitzer, sondern in einem höheren Sinne.

Damals als Kind hätte ich das noch weniger definieren können als heute, denn über Selbstverständliches denkt man ja nicht nach. So wie Tiere Besitz ergreifen – wenn Fuchs und Dachs sich einen Bau herrichten oder ein Raubvogel seinen Horst baut, womit er sich zum Herrscher über ein bestimmtes Revier aufwirft –, so setzten wir Kinder unsere Bauten allenthalben in die Friedrichsteiner Gefilde. In jedem Herbst wurden von neuem riesige Laubburgen errichtet, und natürlich mußten die Ställe für die Kaninchen häufig erweitert oder an einen anderen Platz verlegt werden.

Die großen Geschwister hatten am Waldrand sogar ein veritables Häuschen gebaut, mit Glasfenstern, einer sachgemäßen Tür und einer perfekten Dachkonstruktion, die kein Zimmermann besser hätte ausführen können. Sie bezeichneten es zwar nur als »Bude«, hatten aber großen Wert auf eine gepflegte Umgebung gelegt: Es gab ein Vorgärtchen und eine kleine Brücke über einen Graben, deren Geländer aus dünnen, weißen Birkenstämmen so geformt war, daß sich daraus die Anfangsbuchstaben der Erbauer ergaben.

Einiges über den Adel

Von außen gesehen hatte der Adel früher, als er noch eine besondere Kategorie bildete und eine Rolle spielte, manch komische Seite. Ich vermochte diese allerdings auch nur als Außenstehende – also nur bei anderen, nicht bei meiner eigenen Familie – zu beobachten. Zum Beispiel fand ich es sehr komisch, daß manche um ihre Koffer ein breites Band malen ließen, das ihre Wappenfarben zeigte: schwarz-gelb, blau-weiß ...

Ausgerechnet auf Reisen jedermann wissen zu lassen, hier kommt einer, der jener besonderen Gilde angehört, das erschien mir sehr merkwürdig, ja eigentlich abstoßend. »Wieso«, meinte einer meiner toleranten Brüder, »in England machen sie sich wichtig mit dem Schlips ihres Colleges, damit jeder Eingeweihte weiß, welch teure Erziehung der Krawattenträger genossen hat.«

In meiner Familie hatte ich nie einen Koffer gesehen, der unsere Farben als Markenzeichen trug. Mein Vater war wohl zuviel in der Welt herumgekommen, um solchen provinziellen Gebräuchen anzuhängen. Auch trug keiner der Brüder Hemden, auf denen links – etwa da, wo das Herz sitzt – die Initialen mit einer Krone darüber eingestickt waren, wie ich es bei schlesischen und süddeutschen Granden gesehen hatte. In Bettwäsche und Handtücher allerdings wurde auch bei uns fleißig das Wappen gestickt, in Tischwäsche sogar eingewoben.

Eher lächerlich erschienen mir auch alte Herren, die mit dem Gotha lebten und in der Lage waren, den Stammbaum der Braut herunterzuleiern, mit der irgendein Verwandter sich gerade verlobt hatte – so wie ein Landstallmeister, der die Abstammung seiner Stuten bis in die dritte Generation auswendig weiß. So ein Gotha ist im Grunde ein nützliches Nachschlagewerk, aber ich kann mich nicht erinnern, je gesehen zu haben, daß in Friedrichstein irgend jemand darin geblättert hätte. Ich weiß nicht einmal, ob einer vorhanden war. Der Jahrgang eines Gotha umfaßte fünf Bände für die fünf verschiedenen Rangklassen: Der Hofkalender ist rot, die gräflichen Taschenbücher dunkelgrün, die freiherrlichen violett, die uradeligen hellblau und die briefadeligen sind hellgrün eingebunden.

Erst als ich Jahrzehnte später in Hamburg bei der ZEIT war, wurde ich gelegentlich von Lesern, manchmal auch von den Setzern gefragt, wie denn das mit den verschiedenen Zacken in der Krone sei und warum vor manchem Namen »von« ausgeschrieben werde, während es bei anderen »v.« heiße. Ich sah ein, daß man Antwort auf diese Fragen mit Fug und Recht von mir verlangen könne, und so machte ich mich ans Nachexerzieren. Vieles fand ich in dem höchst amüsanten Buch des Historikers J. Rantzau, der sich als Autor Joachim von Dissow nennt: »Adel im Übergang«.

Das einzige, was ich schon vorher wußte, ja was ich ganz intuitiv bereits als Kind gespürt hatte, war, daß es innerhalb des Adels eine ganz komplizierte Hierarchie gibt, mit sehr viel verschiedenen Nuancen, daß also nicht alle Adeligen des Ostens Junker sind, wie der Laie meint. Wenn Gäste kamen, konnte ich deutlich merken, daß die Vorbereitungen, die zu ihrem

Empfang getroffen wurden, unterschiedlich waren: Welche Fremdenzimmer? Welche Livree für die Diener? Was für ein Menü? Für einige wurden große Umstände gemacht, für andere sehr viel weniger. Einige schienen ganz unbedeutend zu sein: Für sie wurde so gut wie gar kein Aufhebens gemacht – aber warum das so war, habe ich eigentlich erst aus Rantzaus Buch erfahren.

Zunächst lehrt die historische Erfahrung, daß die Bedeutung des Adels seit dem Mittelalter in der Ausübung des Schwertdienstes lag, also auf der Verteidigung beruhte. Dies führte, wie in einem früheren Kapitel dargestellt, zur Erwerbung von Landbesitz; übrigens nicht nur im Mittelalter, sondern bis in unsere Zeit hinein: Bismarck, Moltke und andere bekamen nach 1871 große Dotationen, und auch Hitler hat einer Reihe seiner Feldmarschälle und Generäle Güter geschenkt.

Der erste Gotha, der Mitte des 18. Jahrhunderts herauskam, war eigentlich ein Staatshandbuch, das über die Fürstenhäuser und Regierenden in Europa und nur über sie Aufschluß gab. Es war also für spätere Begriffe ein Hofkalender, der nur von den Familien handelte, die dem »Hohen Adel« angehörten. Die Taschenbücher, die dem »Niederen Adel« gewidmet waren, kamen erst im 19. Jahrhundert dazu. Die Einteilung in Hohen und Niederen Adel geht auf die Zeit vor 1806 zurück, also auf die Zeit vor dem Ende des Heiligen Römischen Reiches Deutscher Nation. Wer vor 1806 reichsunmittelbar war, also nur dem Kaiser unterstand und keinem Landesherrn, und wer auf dem Reichstag zu Regensburg, der dort seit 1663 tagte, vertreten war, gehörte zum Hohen Adel.

Kompliziert wird die Sache, weil es auch unter dem Niederen Adel Reichsunmittelbare gab, die aber nicht auf dem Reichstag vertreten waren, beispielsweise der Freiherr vom Stein. Diese Reichsfreiherren werden im Gegensatz zur Reichsstandschaft des Hohen Adels als Reichsritterschaft bezeichnet. Ein Begriff, dem man gelegentlich begegnet, lautet die »Mediatisierten«, das heißt, die mittelbar Gemachten. Das waren die wenigen Mächtigen, die 1806, nach dem Zerfall des Römischen Reiches Deutscher Nation, den größeren Landesfürsten unterstellt wurden, also den Königen von Preußen, Sachsen, Bayern, Württemberg. Zum Trost für das Ungemach, das sie damit ereilt hatte, wurde diesen Familien nach 1815, aufgrund der Verfassung des Deutschen Bundes, bei Heiraten die Ebenbürtigkeit mit den deutschen regierenden Häusern zuerkannt.

Die Dönhoffs wurden 1633 vom Kaiser in Wien zu Reichsgrafen ernannt und waren darum ein bißchen besser dran als normale Grafen, die nur von einem Landesherrn »gegraft« wurden. Aber sehr weit her ist es darum mit ihnen auch nicht, sie sind, wie Rantzaus Ausführungen zu entnehmen ist, keine »echten« Reichsgrafen, weil sie nicht auf dem Regensburger Reichstag vertreten waren und also nicht zum Hohen Adel gehörten.

Mit Uradel und Briefadel hat es folgende Bewandtnis: Adelsverleihungen und Adelsbriefe, also offizielle Dokumente, gibt es erst seit dem Ende des 14. Jahrhunderts. Jene Familien, die aus privatrechtlichen Urkunden ihren Adel aus der Zeit vor 1350 nachweisen, gelten als Uradel; als Briefadel diejenigen, die ihren adeligen Stand nach dieser Zeit beweisen können. Als ich mir diese Kenntnisse angeeignet hatte, schlug ich noch einmal im Großen Brockhaus nach, um zu sehen, was der zum Adel zu sagen hat, und las dort zu meinem Kummer: »Die bisher vielfach übliche Scheidung zwischen einem dem Dynasten entsprossenen Uradel und einem allein durch Diplom seit 1400 entstandenen Briefadel ist unhaltbar.« Da mag nun jeder glauben, was er will.

Ursprünglich hatte ich mich ja nur über die Frage informieren wollen, warum »von« manchmal ausgeschrieben wird und manchmal nur als »v« mit einem Punkt erscheint. Im Grunde, so scheint es, können adelige Familien das halten, wie sie wollen – sie können das »von« auch ebensogut ganz weglassen, manche führen es aus Prinzip nicht. Rantzau sagt dazu: »Einige Familien, besonders im Nordwesten Deutschlands, haben das ›von‹ vor ihrem Namen – z.B. von Spreckelsen in Hamburg und von Allförden in der Elbniederung –, ohne jemals zum Adel gehört zu haben. Dieses bürgerliche und bäuerliche ›von‹ entspricht dem holländischen ›van‹, das ohne den Zusatz ›Jonkheer‹ nicht auf einen adeligen Namen hindeutet. Diesen Sachverhalt berücksichtigte die Rangliste der königlich-preußischen Armee dadurch, daß sie das nicht-adelige ›von‹ als Namensbestandteil voll ausdruckte, hingegen das Adelsprädikat als ›v.‹ abkürzte.«

Apropos Namensbestandteil: als 1919 der Adel in Deutschland abgeschafft wurde, hat die Reichsverfassung sämtliche Adelsartikel und Prädikate zu einem Bestandteil des Namens erklärt, während in Österreich und der Tschechoslowakei die Führung von Adelstiteln verboten wurde. Der Chef meiner Schule in Potsdam, Direktor Wilmsen, ein toleranter, aber gleichzeitig sehr penibler Mann, gab mir den Lebenslauf, den ich 1929 für das Abiturexamen hatte schreiben müssen, zurück mit dem Bemerken, es müsse heißen: »Ich, Marion Graf Dönhoff«, denn der Titel sei Teil des Namens. Ich hatte davon noch nie etwas gehört, schrieb also den Lebenslauf noch einmal und freute mich darauf, wie die zu Hause sich amüsieren würden.

Schließlich noch die Sache mit den diversen Kronen – das ist so: Die Fürsten und alle dem Hohen Adel Angehörenden führen die geschlossene Krone; der Niedere Adel kennzeichnet seine verschiedenen Kategorien durch Kronen mit einer unterschiedlichen Anzahl von Zacken. Die Grafen haben neunzackige Kronen, die Freiherren siebenzackige, der Uradel schmückt die seinen mit Laub statt Zacken, und der Briefadel muß sich mit fünf Zacken begnügen.

Interessant, worauf Sprachforscher hinweisen, daß im Norden Europas das Wort »höflich« von »höfisch« und also von »Hof« kommt: Dies ist so im Dänischen, Schwedischen und Holländischen sowie im Deutschen, während es im Französischen neben »*courtois*« auch »*poli*« und »*civil*« heißt, desgleichen im Italienischen neben »*cortese*« auch »*civile*«.

Ein Beweis, daß die Achtung vor dem Staatsbürger aus den romanischen Ländern kam – aus Frankreich, Florenz und Mailand.

Aufwendige Repräsentation – karger Alltag

Viele der schwer zu definierenden Mischungen, die für den Osten so typisch waren, sind, denke ich, auf dessen besondere Geschichte zurückzuführen. Sie hat andere Traditionen und Lebensgewohnheiten hervorgebracht, als sie für die übrigen Teile Deutschlands charakteristisch sind. Selbst innerhalb der gleichen sozialen Schicht – und das ist das Merkwürdige – war die Lebensart nicht die gleiche. Merkwürdig, weil es ja im Grunde nicht nur die Internationale der Arbeiter gibt, sondern auch die der Gelehrten und die der Aristokratie. Soviel Ähnlichkeit besteht innerhalb dieser Kategorien, daß jeder seinesgleichen selbst in fremden Ländern meist unschwer erkennt.

Aus meiner Schilderung der Entstehung eines landwirtschaftlichen Großbetriebes wird erinnerlich sein, daß im Osten der Besitzer selber wirtschaftete, also gewissermaßen Unternehmer war, während im Westen die großen Besitze an bäuerliche Kleinbetriebe verpachtet waren, der Besitzer lediglich als Zinseinnehmer fungierte und im übrigen ritterliche Traditionen pflegte. In der Wissenschaft bezeichnet man diese unterschiedlichen Modelle als »Grundherrschaft« (Westen) und »Gutsherrschaft« (Osten).

Da ist es denn nicht verwunderlich, daß das Verhältnis von Besitzer zu Untergebenen ganz verschieden war: im Osten paternalistischer, wenn man so will, serviler, aber auch enger und herzlicher als im Westen. Man war eben stärker aufeinander angewiesen; überdies kannten sich Oben und Unten ziemlich genau in jeder Generation, was eine merkwürdige Mischung von institutioneller Distanz und persönlicher Vertrautheit ergab.

Seltsam erscheint mir auch, wenn ich jetzt darüber nachdenke, die Art und Weise der Wohnkultur, wie man heute wohl sagen würde. Auch in dieser Beziehung war das Charakteristische eine Art Mischung von aufwendiger Repräsentation und spartanischer Lebensform im Alltag. Das wird deutlich, wenn ich mir die Zimmerflucht der repräsentativen Gemächer des Schlosses im Vergleich zu unseren Schlafzimmern vor Augen führe.

Der Gartensaal mit den nach Norden anschließenden Zimmern. Ganz am Ende das Arbeitszimmer meines Vaters.

Ich will die Räume, die, zur Parkseite gewandt, die Länge des Hauses einnahmen, noch einmal Revue passieren lassen, und zwar in der Verfassung, in der sie sich bei unserem Abschied befanden. Das Zimmer am Südgiebel hat in meiner Lebenszeit den größten Wandel durchgemacht. Ursprünglich war dies wohl das Schlafzimmer meiner Eltern gewesen, aber nachdem die Restaurierungs-Passion meines ältesten Bruders größer geworden war als die besorgte Frage nach den Kosten, wurde der sachkundige Restaurator der preußischen Schlösser in Berlin geholt. Er begann damit, die Holzwände abzulaugen, und heraus kamen wohlerhaltene, absonderliche Fresken.

Sie zeigten eine Männergesellschaft, die bei Tisch saß und sich offensichtlich gut amüsierte. Als Sitzgelegenheit dienten ihnen merkwürdig geformte, grüngestrichene Stühle. Als diese Szenerie zum ersten Mal deutlich sichtbar wurde, rief Fritz, der allwissende Diener: »Aber diese Stühle stehen doch in einem Verschlag auf dem Boden.« Sie wurden herbeigeschafft, und, tatsächlich, es waren genau diese.

Der Gartensaal – die Mitte des Hauses – mit den nach Süden anschließenden Zimmern.

Bald darauf folgte die zweite Überraschung: Zu Besuch kam Professor Arnold Hildebrandt, der Direktor des Hohenzollern-Museums in Berlin, und stellte fest: »Das sind Nachbildungen der Stühle aus dem Tabakskollegium Friedrich Wilhelms I.«, und er setzte hinzu: »Wahrscheinlich hat man sich diese ganze Inszenierung zu Ehren des Königs, vielleicht anläßlich eines Besuches von ihm erdacht.« Wir beschlossen, diesen Raum mit der eigenartigen Kulisse zum »kleinen Eßzimmer« zu machen, und diesem Zweck diente er dann während der letzten Jahre.

Das anschließende Zimmer war das Kabinett, dessen Wandbespannung meine Mutter um 1900 in der Manier des Jugendstils bestickt hatte, gefolgt von der sogenannten »roten Stube«, die einen Zugang von der hinteren Treppe hatte und daher von den Leuten benutzt wurde, die irgendwelche Wünsche oder Gravamina vorzutragen hatten. Dann folgte der »grüne Salon«, dessen Wände Gobelins schmückten, die im frühen 18. Jahrhundert in Flandern für diesen Raum gefertigt worden waren, und danach der stuckverzierte Gartensaal.

Daneben lag das Eßzimmer. In meiner Kinderzeit waren die Wände mit Bildern holländischer Maler des 18. und 19. Jahrhunderts vollgepflastert. Die schwarzen Rahmen stießen einer an den anderen, und da die Bilder selbst in eher dunklen Farben gehalten waren, wirkte das Ganze neben dem hellen Saal sehr finster. Als die Schichten brauner Farbe von der Boiserie abgezogen wurden, kam darunter als erster Anstrich ein wunderbares chinesisches Drachenrot hervor. Professor Hildebrandts Frau, eine geborene Cranach, war eine Malerin, die ihrem Namen Ehre machte; darum wurde ein Ballen gelber Seide gekauft, den sie mit chinesischen Symbolen bemalte – auf diese Weise war ein höchst origineller, heiterer Raum entstanden.

An ihn schlossen sich drei weitere Zimmer an, eines von ihnen ebenfalls mit flämischen Gobelins bespannt, das letzte war das Arbeitszimmer meines Vaters, in dem ich ihn in meiner Kindheit so oft hatte sitzen sehen. Ursprünglich hieß dieser Raum die »Gerichtsstube«, eine Bezeichnung, die aus der Zeit stammte, in der meine Vorfahren noch die Patrimonialgerichtsbarkeit hatten. Die Gerichtsstube hatte einen eigenen Eingang von außen, durch den die Leute eintraten, die den Justitiar konsultieren wollten, der zu diesem Zweck aus Königsberg geholt wurde. Da wurden dann Streitfälle der Bauern untereinander, Erbangelegenheiten, Eigentumsdelikte und so weiter verhandelt. Später, zur Zeit meines Bruders, war dieser Teil des Schlosses als separate Wohnung für den Forstmeister abgetrennt.

Wir Kinder waren in recht kargen kleinen Stuben untergebracht. Sie verdankten ihren Ursprung der Tatsache, daß man irgendwann im oberen Stockwerk eine Zwischendecke eingezogen hatte. Da die repräsentativen Räume sieben Meter hoch waren, hatten sich auf diese Weise leicht zusätzliche Zimmer gewinnen lassen. Die Brüder hatten jeder ein winziges Loch für sich, hoch oben, sozusagen unter dem Dach. Die Fenster hatten nur die halbe Höhe und setzten – eben wegen der Zwischendecke – auf dem Fußboden auf. Die Schwestern bewohnten ebenfalls jede ein Einzelzimmer. Sie waren insofern privilegiert, als diese Stuben sich in der unteren Etage befanden und darum wesentlich heller waren.

Eingerichtet waren alle gleichermaßen spartanisch, nur mit dem Nötigsten: Bett, Schrank, Waschtisch mit Waschschüssel, Kanne und Eimer – fließendes Wasser gab es nicht. Einen einzigen Gegenstand bewunderte ich immer von neuem bei den großen Schwestern, den ich ihnen unendlich neidete und der mir als ein ungewöhnlich kostbares Kunstwerk erschien: ein Kaninchen aus weißem Porzellan mit roten Augen und gespitzten Ohren, in das eine Uhr eingebaut war.

Die sanitären Anlagen ließen sehr zu wünschen übrig. Auf jedem Stockwerk stand der als Schrank verkleidete Ort, welcher in modernen Häusern im allgemeinen besonders gepflegt und einladend erscheint. Ein Badezimmer – spät eingebaut – gab es in meiner Kinderzeit nur für die Eltern. In die Fremdenzimmer, die sehr groß und prächtig waren, wurde am Abend ein sogenanntes »Tub« gestellt; das war ein kreisrundes Gebilde von etwa einem Meter zwanzig Durchmesser, mit einem zwei Handbreit hohen Rand, der an einer Stelle eine Schnauze hatte, durch die das Wasser wieder abgegossen werden konnte. Daneben standen zwei große Kannen mit warmem Wasser, die ein wenig wie Gießkannen aussahen, und ein Stuhl, auf dem ein Badetuch, so groß wie ein Bettlaken, ausgebreitet war.

Ich weiß nicht, ob dieses Kontrastprogramm von luxuriöser Repräsentation und persönlicher Enthaltsamkeit bewußt inszeniert wurde oder ob es sich, wie ich meine, einfach so ergeben hatte. Ich glaube, es entsprach ganz einfach dem Lebensgefühl der Besitzer – möglich, daß auch ein bißchen schlechtes Gewissen mitsprach. Vielleicht wollte man das Privilegiertsein, das ja nötig war, um den Glanz des königlichen Hauses angemessen zur

Geltung zu bringen, kompensieren durch einen betont kargen Lebenszuschnitt des Besitzers und seiner Familie – was übrigens auch in den Essensgewohnheiten zum Ausdruck kam. Gut gegessen wurde nur, wenn Gäste kamen, Wein gab es nur für den Vater, wir Kinder tranken Wasser, das täglich in einem großen, von einem Pferd gezogenen Aluminiumkübel zum Kochen herbeigeschafft wurde. Im Winter kam das Wasser von einer Pumpe auf dem Hof, im Sommer – als Konzession an die Hygiene – aus einer Pumpe im alten Dorf, wo das Wasser angeblich sauberer war. Klarer war es in der Tat, aber in der heißen Zeit stank es so, daß man beim Trinken den Atem anhalten mußte; die Nase zuzuhalten wurde unterlassen, es hätte sonst sofort geheißen: »Stellt euch nicht so an.«

Wenn ich auf die Frage nach meiner Heimat auch heute, ohne nachzudenken, antworte: »Ostpreußen«, und nicht Hamburg, wo ich doch seit über vierzig Jahren lebe und gern lebe, dann gibt es dafür vor allem einen Grund: Mir fehlen die Landschaft, die Natur, die Tiere jener untergegangenen Welt. Und auch die Geräusche, diese tausendfältigen Geräusche, die sich unverlierbar für immer ins Gedächtnis eingegraben haben. Wie viele verschiedene Laute vernahm man, wenn wir in der Dämmerung auf den großen Steinen vor dem Haus saßen. Da strichen die Mauersegler mit pfeifendem Ton in unglaublichem Tempo um das Schloß, bald darauf führten die Fledermäuse ihren Zickzacktanz auf, und wenig später erklang der Ruf der Käuzchen durch die Nacht. Oft wanderten wir noch ganz spät hinauf zum Waschteich, wo Hunderte von Fröschen ein phantastisches Konzert veranstalteten – so laut, daß man in der Unterhaltung die Stimme heben mußte, um sich verständlich zu machen.

In Hamburg gibt es ganz nahe bei Blankenese eine fast ostpreußische Landschaft, darum wohne ich so gerne in jener Gegend, aber einen Frosch habe ich dort in den Wiesen noch nie bemerkt. Manchmal wird es Sommer, ehe ich den ersten Schmetterling sehe, und nachts höre ich nur das Geräusch vorüberfahrender Autos oder das Klappen ihrer Türen, wenn jemand ein- oder aussteigt. Es ist eine armselige Welt.

Sicher neigt man dazu, die Kindheit zu idealisieren, und es ist nicht leicht, sich darüber klarzuwerden, warum sie denn – wahrscheinlich für die meisten Menschen – so einzigartig gewesen ist. Bei mir hat das Leben in der Gemeinschaft mit den Geschwistern viel dazu beigetragen. Ein so enger Zusammenhalt ist gewiß selten. Unser Ideal – im Scherz formuliert,

Wenn am Morgen die Sonne aufgeht, hebt sich leise der Nebelschleier, mit dem der Wald seine nächtlichen Geheimnisse verhüllt hat.

Geheimnisvoll spiegeln sich die hellen Stämme und das dunkle Grün der Laubwälder in den Seen. Die Industrie ist fern und künstlicher Dünger rar – so sind die Gewässer sauber und klar geblieben.

Alles ist anders geworden, und alles ist gleich. Geht man über die weiten Wiesen und fährt man mit einer alten Schute über die Wasserflächen, so meint man, nichts habe sich verändert, obwohl doch vom Einst nichts mehr geblieben ist.

Die Pregelniederung, eine weite, östliche Landschaft – noch nicht vom Menschen verdorben, ›unbefleckt‹, scheinbar so, wie Gott sie geschaffen hat.

Wenn ich auf die Frage nach meiner Heimat auch heute, ohne nachzudenken, antworte: Ostpreußen und nicht Hamburg, wo ich doch seit über vierzig Jahren lebe und gern lebe, dann gibt es dafür vor allem einen Grund – mir fehlen die Landschaft, die Natur, die Tiere jener untergegangenen Welt. Und auch die Geräusche, die sich unverlierbar für immer ins Gedächtnis eingegraben haben.

aber doch irgendwie auch ernst gemeint – lautete: Wenn wir mal alt sind, stoßen wir die Angeheirateten ab und ziehen alle wieder zusammen.

Wenn einer von den Großen, die ja schon erwachsen waren, eine Reise tat, dann strömten bei seiner Rückkehr alle wieder in Friedrichstein zusammen, und der Betreffende mußte berichten: »Also, du fuhrst zum Bahnhof und ... nun erzähl mal.« Am beliebtesten waren die Schilderungen meines ältesten Bruders, der die goldenen zwanziger Jahre in Berlin erlebte. Wenn er von den großen Aufführungen bei Max Reinhardt berichtete, von den dramatischen oder poetischen, immer subtilen Inszenierungen, dann lauschten wir gespannt und hatten das Gefühl, alles selbst erlebt zu haben, ja, eigentlich war es fast schöner, als selbst dort gewesen zu sein.

Das Ende des unbekümmerten Daseins

Eines Tages fand meine Dreier-Kumpanei mit den beiden Lehndorffs zu unserem größten Bedauern und aus für uns unerfindlichen Gründen ein plötzliches Ende. Heini kam ins Internat nach Roßleben, Sissi in eine Pension nach Montreux, und damit ich nicht ganz allein bliebe, wurde eine Cousine Kanitz organisiert, mit der ich fortan zusammen unterrichtet werden sollte. Dieser Plan aber wurde durch ein tragisches Unglück zunichte gemacht. Die Cousine war erst ein paar Monate in Friedrichstein, als wir im Herbst, es war Anfang September 1924, zu einer Fahrt an die Ostsee nach Cranz aufbrachen, von der sie nicht lebend zurückkehrte.

Wir fuhren in zwei Autos. Im ersten, das von meinem ältesten Bruder gesteuert wurde, saßen die Erwachsenen, das zweite folgte ihm sozusagen auf dem Fuß, weil der fremde Chauffeur nicht ortskundig war. Wir hatten einen lustigen Tag gehabt, waren lang geblieben, so daß es schon dunkelte, als wir uns auf den Heimweg machten. In Königsberg ging ein Gewitter nieder, und der Regen behinderte die Sicht. Wir Kinder, meine Cousine, ein kleiner Coudenhove aus Österreich, seine Schwester, zwei junge Schweizer namens Lindemann und ich sangen und alberten im Wagen, als plötzlich der Fahrer einen schrecklichen Schrei ausstieß. Im selben Moment stürzte das Auto, wie ich meinte, in eine Baugrube, aber dann drangen gewaltige Wassermassen auf uns ein: der Pregel, schoß es mir durch den Kopf.

Es war kein ganz geschlossenes Auto, es hatte ein sogenanntes amerikanisches Verdeck aus Segeltuch. Sofort brach wildes Durcheinander im Inneren des Wagens aus. Der Fahrer wurde, wie er später aussagte, vom Strudel nach hinten gerissen, alles wirbelte durcheinander. Dann gab es einen Ruck: das Auto setzte offenbar auf dem Grund des Flusses auf, der dort zehn Meter tief ausgebaggert ist. Luft hatte ich längst keine mehr, ich schluckte fortwährend Wasser.

Es ist unglaublich, wie blitzschnell die Gedanken in Todesangst sich überstürzen. Ich mußte denken, wie dumm die Leute sind, die sagen, Ertrinken sei ein rascher Tod: mein Gott, wie lang das dauert. Ich malte mir aus, wie traurig es für die daheim ist, wenn sechs Kinder im Saal nebeneinander aufgebahrt werden. Da plötzlich durchzuckte es mich wie ein letzter Blitz: da war doch ein Spalt zwischen der Karosserie und dem Verdeck: Ich tastete, suchte, schob mich durch und wurde nach oben gerissen. Es verging eine Ewigkeit.

Endlich oben, sah ich die Scheinwerfer eines Autos, das an den Kai geschoben worden war, und hörte meinen Namen rufen. Ohne diesen Anruf meines Bruders wäre ich sofort wieder untergegangen, denn alle Kraft war verbraucht, nur Schwindel beherrschte mich. Nun aber riß ich mich zusammen und paddelte wie ein Hund zur Kaimauer, an der lange Mäntel heruntergelassen wurden. Ein letzter äußerster Kraftaufwand war erforderlich, um sich an dem Mantel festzuklammern, während die oben zogen, bis die drei Meter zur Straße überwunden waren. Ich war die letzte, die lebend herauskam – nach etwa fünf Minuten, wie mein Bruder meinte. Die beiden schwächsten, Huberta Kanitz und der zwölfjährige Franz Coudenhove, konnten erst Stunden später tot geborgen werden. Der junge Lindemann, der offenbar als erster auftauchte, war noch einmal ins Wasser gesprungen, um die Schwester Coudenhove zu retten. Als letzte kam ich dann schließlich heraus.

Die armen Insassen des ersten Autos haben gewiß nicht weniger Todesangst durchlitten. Der Bericht meines Bruders lautete: »An der Stelle, an der die Straße, weil sie dort auf den Pregel stößt, im rechten Winkel abbiegt, bemerkte ich plötzlich, daß das Auto mit den Kindern, das eben noch hinter mir gewesen ist, nicht mehr zu sehen war. Es konnte nur etwas Entsetzliches passiert sein. Ich wendete rasch, fuhr zurück und schob das Auto an den Kai, der, wie ich erst jetzt bemerkte, dort weder durch eine Kette noch durch ein erhöhtes Trottoir markiert ist. Auf der anderen Seite des Flusses steht eine Lampe, die der fremde Fahrer offenbar anvisiert hat. Als die Scheinwerfer die Oberfläche des Flusses beleuchteten, sah ich, wie Ringe sich bildeten, die größer und größer wurden. Dann tauchte ein Hut auf, nach einiger Zeit ein Mensch und gleich darauf noch andere. Und dann sehr lange nichts.«

Am nächsten Tag standen dann zwar nicht sechs, aber eben doch zwei Särge in dem hellen Gartensaal, der das Herzstück des Hauses war – nicht nur architektonisch, sondern auch geschichtlich und emotional. Hier waren sie alle zum Abschied aufgebahrt worden, meine Schwester Christa, meine Mutter, mein Vater, dessen Vater und alle bis weit in die Ur-Ur-Generationen hinein; nur der letzte Besitzer von Friedrichstein nicht – er liegt in fremder Erde im Osten. Auch alle Hochzeiten wurden hier gefeiert, alle Taufen und meine Einsegnung.

Jenes Unglück in Königsberg war natürlich eine erschreckende Zäsur in meinem bis dahin ziemlich unbekümmerten Dasein. Die Erwachsenen befürchteten einen Schock fürs Leben, und wie Erwachsene nun einmal sind, versetzten sie mir zur Kompensation, ohne es zu ahnen, einen weiteren Schock: Ich wurde in eine Pension nach Berlin geschickt. Eine jener Mädchenpensionen, wo alles vorgeschrieben und nichts erlaubt war: einen Pädagogen, der die Sache überwacht hätte, gab es nicht, sondern wir gingen von dort aus in eine in der Nähe gelegene Schule.

Täglich mußten wir zwei und zwei hintereinander in einem langen Schwanz durch die Straßen Berlins marschieren – betend, in diesem lächerlichen Aufzug nur keinen Bekannten zu treffen. Das einzig Positive, das ich nach zwei Jahren von dort mitnahm, war ein vehementes Interesse an intellektuellen Problemen. Keineswegs durch die Schule angeregt, sondern von einer zufällig in der Pension wohnenden Nichte der Leiterin. Sie hieß Ursula von Kranold – ich habe sie nie wiedergesehen, weiß nicht einmal, ob ich hier ihren Namen richtig geschrieben habe.

Sie hatte einen Vortrag über Hermann Keyserling gehalten, dessen Manuskript sie mir auf meine Bitte zu lesen gab. Ich war einfach fasziniert und voller Bewunderung darüber, daß »ein Mensch wie du und ich« solche Zusammenhänge aufdecken und formulieren konnte. So was wollte ich später auch einmal tun. Zwar hatte ich viel gelesen, aber nur Literatur – auf Philosophie war ich noch nie gestoßen.

Abgesehen von diesem wichtigen Erlebnis war das Pensionsdasein wirklich die Antithese zu meinem bisher so freiheitlichen Leben. Ich meuterte, wo ich konnte, stachelte die anderen Mädchen auf, wurde aber unglücklicherweise zur Pensionsältesten ernannt, obgleich ich zu den jüngsten gehörte. Also auch noch Verantwortung für eine Institution, die ich aus tiefstem Empfinden mißbilligte. Eine gewisse Befriedigung aber hatte ich wenigstens hinterher, als ich erfuhr, daß Frau von Lindeiner, die Pensionsmutter, nach dem Abgang meines Jahrgangs die Institution geschlossen hat; ich schmeichelte mir, daß dies vielleicht im Zusammenhang mit unserer Aufmüpfigkeit erfolgt sei.

Die Schule war ein Kapitel für sich. Für mich war sie eine Art Super-Strafanstalt, denn ich hatte ja bis dahin keine systematische Schulbildung genossen. Die zufällige Abfolge von Pseudo-Lehrern – es waren gewiß mehr als ein Dutzend gewesen – hatte keine vernünftige Grundlage geschaffen. Die Aufnahmeprüfung war daher eine einzige Katastrophe: Im deutschen Aufsatz hatte ich den Großen Kurfürsten mit Friedrich dem Großen verwechselt, im französischen Diktat brachte ich es auf 33 Fehler, und von den fünf Mathematikaufgaben konnte ich vier nicht einmal verstehen und die in Angriff genommene fünfte nicht lösen. An die anderen Fächer erinnere ich mich nicht mehr, aber dabei schnitt ich sicherlich nicht besser ab.

Das Ergebnis: Die Lehrerschaft vermochte sich nicht vorzustellen, daß jemand so bar aller Grundkenntnisse sei; es hieß: »Wahrscheinlich steht das Kind unter einem Schock.« Mit dieser Maßgabe wurde ich auf Probe in die anvisierte Klasse aufgenommen, und mit Hilfe von Nachhilfestunden und unter großer Anstrengung schaffte ich es dann Gott sei Dank, in der Untersekunda zu bleiben.

Die nächsten drei Klassen bis zum Abitur absolvierte ich dann in Potsdam; dort war ich ein freier Mensch, wohnte bei einer bekannten Familie und ging in eine Jungensschule, wo ich das einzige Mädchen in der Klasse war. Früh lernte ich also die Wechselfälle des Lebens kennen und mich in die jeweiligen Gegebenheiten zu schicken. Eine gute Vorschule für das, was in der größeren Welt noch auf mich zukommen sollte.

Dennoch hat es Jahrzehnte gedauert, bis ich imstande war, für mich selbst das zu akzeptieren, was dann später kam: den Verlust der Heimat. Lange Zeit hatte ich wider alle Vernunft gehofft, irgendein Wunder werde geschehen, obgleich ich aus meiner intensiven Beschäftigung mit Politik wußte, daß in diesem Bereich keine Wunder geschehen; aber es gibt neben dem Bewußtsein des Tages eben doch auch nächtliche Träume.

Schließlich aber wurde mir klar, man muß auf Gewalt verzichten, also einen Gewaltverzicht aussprechen, wenn Schluß sein soll mit diesem schrecklichen Morden und Vertreiben. Meine Devise, in vielen Diskussionen vertreten, hatte bis dahin geheißen: Gewaltverzicht ja, aber keinen Territorialverzicht, wie die Polen ihn forderten. Begründung: Wenn sie uns den Gewaltverzicht nicht abnehmen, dann werden sie uns den Territorialverzicht erst recht nicht glauben. Als dann aber 1970 das Kabinett Brandt die Regierung übernahm und endlich damit begann, eine aktive Ostpolitik zu betreiben, für die ich mich seit Ende der fünfziger Jahre eingesetzt hatte, da schien mir diese hinhaltende Politik nicht länger vertretbar: Wenn wir Normalisierung wollten, dann war Klarheit über die endgültige Grenze notwendig. Wann mir diese bittere Erkenntnis gekommen ist? Es ist immer schwierig, zu präzisieren, wann man was gedacht hat; in diesem Fall aber steht es schwarz auf weiß in dem Vorwort, das ich meinem 1962 erschienenen Buch »Namen, die keiner mehr nennt« vorangestellt habe:

»Als immer deutlicher wurde, daß die Faustregel: Gewaltverzicht – ja, Territorialverzicht – nein, keine Antwort mehr sein konnte, weil nun ein ganzes Ja oder ein ganzes Nein notwendig wurde, da mußte auch ich mich innerlich zu einer eindeutigen Stellungnahme durchringen. Ich wählte das schmerzliche Opfer eines zustimmenden Ja, wo das refüsierende Nein Vergeltung und Haß bedeutet hätte.

Ich kann mir auch nicht vorstellen, daß der höchste Grad der Liebe zur Heimat dadurch dokumentiert wird, daß man sich in Haß verrennt gegen diejenigen, die sie in Besitz genommen haben, und daß man jene verleumdet, die einer Versöhnung zustimmen. Wenn ich an die Wälder und Seen Ostpreußens denke, an die weiten Wiesen und alten Alleen, dann bin ich sicher, daß sie noch genauso unvergleichlich schön sind wie damals, als sie mir Heimat waren. Vielleicht ist dies der höchste Grad der Liebe: zu lieben, ohne zu besitzen.«

Was aus dem Land und aus den Menschen wurde

Aus ›Namen, die keiner mehr nennt‹

Es war 3 Uhr morgens. Den Tag weiß ich nicht mehr, denn jene Tage waren ein einziges großes Chaos, das sich der kalendarischen Ordnung entzog. Aber daß es 3 Uhr morgens war, weiß ich, weil ich aus irgendeinem, vielleicht einem dokumentarischen Bedürfnis oder auch nur aus Ratlosigkeit nach der Uhr sah.

Seit Tagen war ich in der großen Kolonne der Flüchtlinge, die sich von Ost nach West wälzte, mitgeritten. Hier in der Stadt Marienburg nun war der Strom offenbar umgeleitet worden, jedenfalls befand ich mich plötzlich vollkommen allein vor der großen Brücke. War dieser gigantische Auszug von Schlitten, Pferdewagen, Treckern, Fußgängern und Menschen mit Handwagen, der die ganze Breite der endlosen Chausseen Ostpreußens einnahm und der langsam, aber unaufhaltsam dahinquoll wie Lava im Tal, schon gespenstisch genug, so war die plötzliche Verlassenheit fast noch erschreckender.

Vor mit lag die lange Eisenbahnbrücke über die Nogat. Altmodische hohe Eisenverstrebungen, von einer einzigen im Winde schwankenden Hängelampe schwach erleuchtet und zu grotesken Schatten verzerrt. Einen Moment parierte ich mein Pferd, und ehe dessen Schritt auf dem klappernden Bretterbelag alle anderen Geräusche übertönte, hörte ich ein merkwürdig rhythmisches, kurzes Klopfen, so als ginge ein dreibeiniges Wesen schwer auf einen Stock gestützt ganz langsam über den hallenden Bretterboden. Zunächst konnte ich nicht recht ausmachen, um was es sich handelte, aber sehr bald sah ich drei Gestalten in Uniform vor mir, die sich langsam und schweigend über die Brücke schleppten: Einer ging an Krücken, einer am Stock, der dritte hatte einen großen Verband um den Kopf, und der linke Ärmel seines Mantels hing schlaff herunter.

Man habe es allen Insassen des Lazaretts freigestellt, sich aus eigener Kraft zu retten, sagten sie, aber von etwa tausend Verwundeten hätten nur sie drei diese »Kraft« aufgebracht, alle anderen seien nach tagelangen Transporten in ungeheizten Zügen ohne Essen und ärztliche Versorgung viel zu kaputt und apathisch, um diesem verzweifelten Rat zu folgen. Rat? Eigene Kraft? Die russischen Panzer waren höchstens noch 30 km, vielleicht auch nur 20 km von uns entfernt; diese drei aber waren nicht imstande, mehr als zwei Kilometer in der Stunde zurückzulegen. Überdies herrschten 20 bis 25 Grad Kälte – wie lange also würde es dauern, bis der Frost sich in die frischen Wunden hineinfraß?

Hunderttausende deutscher Soldaten waren in diesen letzten sechs Monaten elendiglich umgekommen, verreckt, zusammengeschossen oder einfach erschlagen worden – und diese drei würden das gleiche Schicksal haben, gleichgültig, ob sie nun im Lazarett geblieben wären oder ob sie sich entschlossen hatten, noch ein paar Kilometer weiter nach Westen zu marschieren. Die einzige offene Frage schien mir, ob ihr Schicksal sie schon heute oder erst morgen ereilen würde.

Mein Gott, wie wenige in unserem Lande hatten sich das Ende so vorgestellt! Das Ende eines Volkes, das ausgezogen war, die Fleischtöpfe Europas zu erobern und die Nachbarn im Osten zu unterwerfen. Denn das war doch das Ziel, jene sollten für immer die Sklaven sein, diese wollten für immer die Herrenschicht stellen.

Noch bis vor wenigen Monaten war immer von neuem versichert worden, kein Fußbreit deutschen Landes werde je dem Feinde preisgegeben werden. Aber als die Russen schließlich die ostpreußische Grenze überschritten hatten, da hieß es, jetzt müsse sich die Bevölkerung wie ein Mann erheben; der Führer, der seine Wunderwaffe eigentlich erst im nächsten Jahr hätte einsetzen wollen, um Rußland dann endgültig zu vernichten, wolle sich entschließen, sie schon jetzt vorzeitig zur Anwendung zu bringen. Der Endsieg sei nur eine Frage des Willens. So die Führung. Und die Wirklichkeit?

Für mich war dies das Ende Ostpreußens: drei todkranke Soldaten, die sich über die Nogat-Brücke nach Westpreußen hineinschleppten. Und eine Reiterin, deren Vorfahren vor 700 Jahren von West nach Ost in die große Wildnis jenseits dieses Flusses gezogen waren und die nun wieder nach Westen zurückritt – 700 Jahre Geschichte ausgelöscht.

Wie gesagt, ich weiß nicht mehr genau, an welchem Tag dies geschah, aber es war irgendwann in der zweiten Hälfte des Januar 1945. Mitte Januar war die russische Offensive losgebrochen gegen eine Front, die dünn und zerbrechlich war wie das Eis im Frühjahr. Es gab deutsche Divisionen, die nur noch aus ein paar hundert Mann bestanden. Es gab Panzereinheiten, die ein Drittel ihrer Fahrzeuge sprengten, um auf diese Weise Treibstoff für die restlichen Panzer zu gewinnen. Und es gab in der Führung niemanden – nicht einen einzigen der doch in hundert Schlachten bewährten Generale –, der den Mut gehabt hätte, Hitlers dilettantische Strategie vom Tisch zu fegen und die Führung selbst in die Hand zu nehmen, um wenigstens dieses sinnlose Sterben zu verhindern.

Guderian, der Chef des Generalstabs, hatte, seit die erste große russische Offensive im Juli 1944 bis Memel und bis nach Trakehnen in Ostpreußen durchgestoßen war, Hitler immer wieder um Erlaubnis gebeten, die 30 Divisionen, die noch in Kurland standen, zurücknehmen zu dürfen. Vergeblich. Dreihunderttausend Mann, zu denen die Verbindung abgerissen war, die selber als weit vorspringender »Balkon« in ständig wachsender Gefahr lebten, wären in diesem Moment in Ostpreußen von unschätzbarem Wert gewesen. Eine Frontbegradigung hätte – und dies war der Plan des keineswegs optimistischen Generalstabchefs – es möglich gemacht, wenigstens die Zivilbevölkerung aus den unmittelbar gefährdeten Gebieten herauszubekommen, solange die Front noch hielt. Aber Hitler hatte immer wieder erklärt, er brauche die Divisionen in Kurland, um von dort aus im Frühjahr die große Offensive nach Rußland hinein zu eröffnen, überdies bänden sie in der Zwischenzeit dort, wo sie sich befänden, starke russische Kräfte. So blieben sie dort, wo sie niemandem nutzten und wo sie jederzeit vernichtet werden konnten.

Dabei hatten die Russen schon im Juli 1944, als sie von Witebsk bis zur Rollbahn und hinter die deutsche Front durchstießen, gezeigt, daß es keine Offensive nach Osten mehr geben würde. Damals hatten sie den deutschen Truppen den Rückzug über die Beresina abgeschnitten; das kostete 300 000 deutschen Soldaten das Leben, die in den Wäldern östlich Minsk vernichtet wurden, während gleichzeitig etwa sechs Divisionen in Witebsk, Orscha und anderen befestigten Orten des Kampfgebietes niedergemacht wurden.

Alles hätte also darangesetzt werden müssen, eine neue rückwärtige Verteidigungslinie aufzubauen, aber Hitler hing weiter seinen Illusionen über neue Offensiven nach und geißelte als Defaitismus alle Maßnahmen, die der wirklichen Lage Rechnung getragen hätten. Ja, er hatte sich im Dezember 1944 sogar entschlossen, aus den längst viel zu dünn besetzten Stellungen im Osten Divisionen abzuziehen, um im Westen die spektakuläre Ardennen-Offensive starten zu können – ein Unternehmen, das alle Fachleute unter diesen Umständen als baren Unsinn betrachteten und das auch sehr bald zusammenbrach.

So kam es denn, daß Illusionen, die mit dem Argument begründet wurden, »es kann doch nicht sein, daß alles umsonst war«, zum Anlaß wurden, jegliche Evakuierung der Zivilbevölkerung zu verbieten – weder Kinder noch Gepäck durften weggeschickt werden. Und so kam es, daß jene chaotische Situation heraufbeschworen wurde, in deren Strudel auch ich geriet. Nämlich das Ineinanderfluten von drei großen Wellen: das Zurückströmen einer geschlagenen Armee, die planlose Flucht der Zivilbevölkerung und das Hereinbrechen eines zu äußerster – vergeltender – Grausamkeit entschlossenen Feindes.

Kurz zuvor, also Mitte Januar 1945, war bei mir in Quittainen ein Vertreter der Parteileitung von Pr. Holland – unserer zuständigen Kreisstadt – erschienen und hatte mir einen schweren Verweis der Gauleitung in Königsberg übermittelt: wenn ich weiter defaitistische Vorbereitungen zur Flucht träfe, müßte ich mich auf harte Maßnahmen gefaßt machen. Jene Vorbereitungen zur Flucht bestanden darin, daß ich auf allen Gütern Gestelle aus leichten Latten hatte anfertigen und Strohmatten flechten lassen, die eine schützende Dachkonstruktion für die Leiterwagen abgeben sollten. Obgleich dies in aller Heimlichkeit geschehen war, hatte irgendein Spitzel der Partei diese seltsamen Gebilde auf einer Scheunentenne gesehen und diese seine Entdeckung sofort weitergemeldet.

Den ganzen Sommer über hatten wir studieren können, wie man sich am zweckmäßigsten für die Flucht ausrüstet. Seit dem Frühjahr war der Strom nicht abgerissen. So wie der Sturm über See sich dadurch ankündigt, daß die Wasservögel zum schützenden Hafen fliegen und landeinwärts ziehen, so schob die langsam vorrückende russische Welle ein buntes Gemisch von Flüchtenden vor sich her – längst ehe wir selbst uns auf den Weg machen mußten.

Die ersten waren weißrussische Bauern mit kleinen Pferden und leichten Wagen gewesen, auf denen meist nur ein paar Habseligkeiten und die kleinsten Kinder verstaut waren. Die ganze übrige Famile lief neben- und hinterher. Der Bauer mit hoher Pelzmütze ging dem Gefährt voraus oder führte das Pferd.

Einige Monate später folgten Litauer, dann die Memelländer, und schließlich kamen die ersten Ostpreußen aus den östlichen Kreisen. Damals gab es auf allen Gütern und bei vielen Dörfern Plätze, die für diese Durchziehenden eingerichtet waren, Weidegärten, wo sie ausspannen, abkochen und ihre Pferde frei laufen lassen konnten. Der Ausnahmezustand war zum Normalzustand geworden – nicht einmal die neugierigen Dorfkinder betrachteten diese wandernde Völkerschau mehr mit viel Interesse.

Mir war aufgefallen, daß die Wagen gewöhnlich entweder zu wenig Schutz hatten oder die Dachkonstruktion durch riesige Teppiche so schwer belastet wurde, daß die Leute nicht genug Gepäck mitnehmen konnten. Eben darum die Strohmatten und das Lattengestell.

Am Tage nachdem der Parteifunktionär mich verwarnt und offiziell verkündet hatte, es sei keinerlei Veranlassung zur Beunruhigung gegeben, traf abends beim Bürgermeister die Order ein, sämtliche Männer, die noch nicht von der Wehrmacht »erfaßt« seien, hätten sich noch in selbiger Nacht zum Volkssturm zu begeben. Außer ein paar uk gestellten Leuten, also sol-

Gewitterwolken über den Pregelwiesen.

chen, die für den Betrtieb unabkömmlich waren, betraf diese Order wirklich nur die mehr als Sechzigjährigen und einige Invaliden.

So hob denn ein großes Wehklagen im Dorf an. Da kamen sie herangehumpelt, der lahme Marx, der halbblinde Kather, der alte Hinz, begleitet von ihren weinenden Frauen. Sie erhielten beim Bürgermeister italienische Gewehre und jeder abgezählt 18 Patronen, mehr gab es nicht. Und dann zogen sie hinaus in die eisige Winternacht ihrem nur allzu gewissen Schicksal entgegen.

Die Aufgabe dieser Volkssturm-Männer sollte es sein, die Befestigungen, die der Gauleiter Koch während des Sommers hatte errichten lassen, zu besetzen. Erich Koch war, genau wie die anderen Gauleiter der östlichen Gaue (Danzig, Posen, Stettin, Breslau), nach dem 20. Juli von Hitler zum Reichsverteidigungskommissar ernannt worden. Als solcher hatte Koch denn auch sofort alles an sich gerissen. Er weigerte sich, das Volksaufgebot der militärischen Führung zu unterstellen, setzte vielmehr an die entscheidenden Stellen seine Parteifunktionäre. Mit großer Energie und ebenso großem Dilettantismus stürzte er sich auf ein selbstentworfenes Programm von Schanzarbeiten und Befestigungen. Dabei kam es sehr rasch zu Kompetenzstreitigkeiten mit General Reinhard, der die im Osten anschließende Heeresgruppe Mitte kommandierte. Gauleiter Koch ließ nämlich die sogenannte Befestigung, die bis zum Januar 1945 zum großen Teil schon wieder in sich zusammengefallen waren, dort anlegen, wo im Juli 1944 die Front zum Stehen gekommen war. General Reinhard aber wollte, daß sie nicht dicht hinter der Front, sondern mitten in Ostpreußen errichtet würde. Der Gauleiter aber hielt dies für Defaitismus, und darum unterblieb es.

Unsere braven Quittainer Leute zogen nun also in die tief verschneiten und halb eingestürzten Kochschen Panzergräben, übrigens war unsere Gegend die einzige, in der sie überhaupt je besetzt wurden. Und die verzweifelten Frauen hatten ganz recht gehabt: unser eigener Aufbruch ging vonstatten, ohne daß wir auch nur gehört hatten, ob es den Männern gelungen war, jene Stellung noch zu erreichen – so sehr überstürzten sich die Ereignisse.

Zwei Tage später, es muß also der 21. oder 22. Januar gewesen sein, hatte ich mich früh morgens aufgemacht. Ich ritt von einem Hof zum anderen, um nach dem Rechten zu sehen. Überall gab es Sorgen: In Lägs war der ukgestellte Treckerführer eingezogen worden, in Skolmen der Inspektor. Auf vielen Höfen wurden wahllos Pferde requiriert, und überall begannen die Gefangenen – die letzten Arbeitskräfte – unruhig zu werden. Die Franzosen hatten Angst angesichts der allgemeinen Auflösung und fragten sich, wie sie wohl je heimkommen würden, und die Russen wußten genau, daß die sowjetischen Funktionäre sie als Saboteure behandeln würden, weil sie überlebt und für den Feind gearbeitet hatten, anstatt ihm die Kehle durchzuschneiden.

Gegen Abend, es war schon dunkel, rief ich von unterwegs noch einmal die Kreisleitung in Pr. Holland an, die zu jener Zeit jede Eisenbahnfahrt genehmigen mußte. Ich bat darum, mir eine Fahrkarte auszustellen, da ich am nächsten Morgen früh um 6 Uhr nach Königsberg fahren wolle, um in Friedrichstein, dem zweiten Besitz, für den ich mit zu sorgen hatte, nach dem Rechten zu sehen. Sekundenlang schwieg die Stimme auf der anderen Seite, dann hörte ich die Worte: »Ja, wissen Sie denn gar nicht, daß der Kreis bis Mitternacht geräumt sein muß?«

»Keine Ahnung«, antwortete ich ohne Überraschung und doch auch wieder überrascht, »wo sind denn die Russen?«

»Keine Ahnung«, antwortete er.

»Ja, und auf welche Weise, und wohin sollen wir?«

Auf diese Frage antwortete die Stimme, die bisher nie müde geworden war zu beteuern, die Behörden sorgten für alles, es gäbe daher keinen Grund zur Beunruhigung: »Das ist uns ganz egal, zu Lande, zu Wasser oder durch die Luft ...«

Ich ließ die Leute im Inspektorhaus zusammenrufen und erklärte ihnen, was uns allen jetzt bevorstand. Sie waren vollständig konsterniert. Man hatte ihnen so viel vom Endsieg erzählt und davon, daß »der Führer« es nie zulassen werde, daß auch nur ein Fußbreit ostpreußischen Bodens verlorenginge, daß sie diese Nachricht einfach nicht fassen konnten. Ich gab ihnen genaue Vorschriften, wieviel, vielmehr wie wenig jeder auf die Wagen laden dürfe, schärfte ihnen ein, um welche Zeit wir uns in der Nacht an der Rogehner Straßenkreuzung treffen wollten, und übertrug die Verantwortung für das Ganze dem Kämmerer.

Alle weinten, und als mein Blick auf Frau Durittke fiel, kamen auch mir die Tränen. Frau Durittke war die Frau des Treckerführers. Eine selbstbewußte und zugleich bescheidene, großartige Frau. Sie besorgte die Schweine und war stolz darauf, daß sie nie einen Arbeitstag gefehlt hatte –

seit vielen Jahren. Sie und ihr Mann hatten ihr ganzes Leben immer nur gearbeitet, damit die Kinder es einmal besser haben sollten. Der jüngste Sohn war in Frankreich gefallen, der ältere war Unteroffizier – ein prächtiger, gerader, zuverlässiger Bursche, auf den jede Armee der Welt stolz hätte sein können: Eines Tages würde er mit Sicherheit Offizier werden, und dann hätte sich alle Plackerei gelohnt.

Aber nicht dieser Tag kam, sondern es war ein Tag im Herbst 1944 gekommen, an dem ich Frau Durittke über den Hof gehen sah, in jeder Hand einen Eimer. Die fast schöne Frau sah alt aus, geistesabwesend, ein Gespenst ihrer selbst. »Um Gottes willen, Frau Durittke, was ist passiert?« Sie sah mich mit starren, toten Augen an, stellte die Eimer hin – und plötzlich hing sie an meinem Hals und schluchzte und schluchzte: »Der Karl ist gefallen, heute kam die Nachricht. Nun ist alles zu Ende. Nun war alles umsonst – das ganze Leben.«

Jetzt, vier Monate später, sah ich Frau Durittke vor mit sitzen: Ihr Mann war zwei Tage vorher mit dem Volkssturm abmarschiert, die beiden Jungen waren gefallen. Warum sollte sie noch flüchten? Und wohin eigentlich? Ja wozu, fragte auch ich mich. Ich trieb die verwirrte Versammlung zur Eile an, ging rasch hinaus, stieg auf mein Pferd und ritt die 7 km zurück zur Zentrale nach Quittainen. Der Schnee knirschte unter den Hufen, und die Straße spiegelte im Mondlicht; es mußten mindestens 15 Grad unter Null sein.

In Quittainen war Oberinspektor Klatt bereits benachrichtigt worden. Ich fand ihn in seinem Büro sitzend und düster vor sich hinblickend, während der Ortsgruppenleiter vor ihm stand und heftig auf ihn einredete. Es ging um die Flüchtlinge. Wir hatten seit dem Herbst über 400 Flüchtlinge aus der Goldaper Gegend in der Begüterung aufgenommen. Sie waren zu Haus aufgebrochen, kurz bevor die Russen im Oktober Goldap einnahmen, und gen Westen getreckt. Als es dann den deutschen Truppen im November gelang, Goldap und Nemmersdorf zurückzuerobern, waren sie mit ihrem Treck bei uns untergezogen und warteten seither auf das, was weiter geschehen würde. Damals gelangten übrigens zum ersten Mal dokumentarische Berichte über das, was sich abspielte, wenn die Russen einen Ort eroberten, an die Öffentlichkeit.

Man war in jenen Jahren so daran gewöhnt, daß alles, was durch offizielle Stellen veröffentlicht oder mitgeteilt wurde, gelogen war, daß ich zunächst auch die Bilder von Nemmersdorf für gefälscht hielt. Später stellte sich aber heraus, daß dies nicht der Fall war. Tatsächlich waren nackte Frauen in gekreuzigter Stellung ans Scheunentor genagelt, 12jährige Mädchen vergewaltigt worden. In Nemmersdorf fand man später insgesamt 62 Frauen und Kinder erschlagen in ihren Wohnungen. Auf den Bildern, auf denen man tote Frauen mit abgerissenen Kleidern in den Straßen und auf Dunghaufen liegen sah, war nichts gestellt.

Diese Goldaper Flüchtlinge hatten also den Winter bei uns verbracht und unsere Futterbestände kräftig reduziert. Mich besorgte das wenig, denn ich wußte ja, daß wir selbst sie nicht mehr aufbrauchen würden. Die Parteileitung aber schien dies zu beunruhigen, und so war einer dieser gescheiten Dummköpfe darauf verfallen, ausgerechnet Anfang Januar – man hörte schon das Donnern der Geschütze bei uns – die Männer mit den Pferden nach dem 250 km entfernten Goldap zurückzuschicken, damit das Futter noch an Ort und Stelle verwertet würde. So saßen wir nun also mit 380 Frauen und Kindern da, die ihre Wagen von neuem bepackten, sie aber nicht bewegen konnten, weil die Männer mit den Pferden weggeschickt und inzwischen wahrscheinlich längst von der russischen Front überrollt waren.

Ein alter Ziehbrunnen in Hohenhagen.

Um diese Situation, die zwangsläufig eintreten mußte, abzuwenden, hatte ich den Bürgermeistern der Gegend zwei Tage zuvor vorgeschlagen, wir sollten den Goldapern unsere Trecker zur Verfügung stellen, ihre Wagen dahinterhängen und sie so rasch wie möglich losschicken, damit wir sie erst einmal aus dem Wege hätten. Aber die Bürgermeister hatten tausend Bedenken: wir würden, so meinten sie, die Trecker zur Frühjahrsbestellung brauchen, und wer weiß, ob sie ordnungsgemäß zurückkämen ... So war dieser Plan nicht zur Ausführung gelangt.

Nun also stand der Ortsgruppenleiter vor uns und erklärte, seine Weisung sei, dafür zu sorgen, daß wir die Flüchtlinge mitnähmen – was natürlich vollkommen ausgeschlossen war. Nur über seine Leiche, so sagte er, würden wir ohne sie aufbrechen. Oberinspektor Klatt, ein großer, schwerer Mann mit roten Backen und blondem, in der Mitte gescheiteltem Haar, galt in der ganzen Gegend als hervorragender Fachmann. Überall wurde er als Sachverständiger herangezogen. Zu gern hätten die Nazis ihn als einen der ihren reklamiert und zum Kreisbauernführer gemacht. Zweimal war er in ebenso schmeichelhafter wie nachdrücklicher Weise von ihnen aufgefordert worden, der Partei beizutreten, aber er hatte beide Male einen Grund gefunden, abzulehnen. Sein Kommentar: »Ich will mit diesen Halunken nuscht zu tun haben.« Jetzt erhob er sich, warf dem Funktionär, der im Zivilleben unser Krugwirt war, einen vernichtenden Blick zu und würdigte ihn keines weiteren Wortes.

Und dann liefen wir beide immer abwechselnd durch das nächtliche Dorf und beschworen die Leute, nur das Allernotwendigste mitzunehmen. Aber unsere Ratschläge und Weisungen gingen unter in dem allgemeinen Chaos, dem auch all meine Vorbereitungen zum Opfer fielen. Bei mir lag seit Monaten eine Art »Mob-Plan« im Schreibtisch. Da war genau verzeichnet, wer von den noch vorhandenen Männern auf welchem Gut welche Wagen fahren sollte. Was jede Familie maximal mitnehmen dürfe und was als Minimum unbedingt erforderlich schien. Ich hatte heimlich Meßtischblatt-Karten vervielfältigen lassen, auf denen alle Landwege und die Fähren über Nogat und Weichsel verzeichnet waren. Jedes Gut sollte mehrere solcher Karten mit auf den Weg bekommen, denn, das war klar, es würde schwierig sein, über die Flüsse zu kommen, deren Brücken dann vermutlich längst von der einen oder von der anderen Seite der Front zerstört sein würden.

Alle diese Vorbereitungen wurden nun einfach über den Haufen geworfen. Das Chaos war so groß, daß es vollkommen sinnlos gewesen wäre, angesichts der allgemeinen Kopflosigkeit und Verzweiflung diese Pläne überhaupt noch hervorholen zu wollen. Auch war es gar nicht mehr möglich, mit den anderen Gütern Verbindung aufzunehmen, um, wie vorgesehen, alle gemeinsam loszutrecken. Würden wir die andern unterwegs treffen? Wenigstens will ich hier – zum letzten Mal – die Namen der Gutshöfe niederschreiben, alle diese schönen Namen, die nun keiner mehr nennt, damit sie wenigstens irgendwo verzeichnet sind: Quittainen, Comthurhof, Pergusen, Weinings, Hartwigs, Mäken, Skolmen, Lägs, Amalienhof, Schönau, Gr. Thierbach, Kl. Thierbach, Nauten, Canditten, Einhöfen.

Man hatte sich damals so daran gewöhnt, mit dem Krieg und den Absurditäten der Nazis zu leben, daß man, ohne es eigentlich recht zu merken, auf zwei verschiedenen Ebenen dachte und handelte. Zwei Ebenen, die sich ineinander verschoben, obgleich eine eigentlich die andere ausschloß. So wußte ich zwar seit Jahren (nicht erst seit Ausbruch des Krieges, sondern seit ich in Frankfurt studierte, damals, als jener die Macht ergriff), daß Ostpreußen eines Tages verloren sein würde. Und doch lebte man so, als ob ... als ob alles so weiterginge, als ob alles darauf ankäme, den Besitz wohlbehalten und verbessert an die nächste Generation weiterzureichen. Bei jedem Haus, jeder Scheune, die wir bauten, bei jeder neuen Maschine, die angeschafft wurde, pflegten wir Geschwister untereinander zu sagen: »Die Russen werden sich freuen.« Obgleich man also von der Sinn- und Zukunftslosigkeit des Ganzen überzeugt war, wurde die Gegenwart genauso wichtig genommen wie je. Man konnte außer sich geraten über einen unzweckmäßig ausgeführten Bau, eine unkorrekte Abrechnung, ein schlecht bestelltes Feld.

Seit Monaten wußten wir, daß der endgültige Abschied nun unmittelbar bevorstand. Aber als drei Tage vor dem Aufbruch meine Schwester mit Mann und Schwiegersohn, die für einen kurzen Urlaub zu Hause waren, aus der Nachbarschaft herüberkamen, da wurden die Schlitten angespannt, und wir fuhren auf Jagd. Einen ganzen Nachmittag lang glitten wir lautlos durch den frisch verschneiten Wald, spürten die Dickungen ab, fuhren durch den hohen Bestand von einem Revier zum anderen. Überall frische Fährten: Damwild, Hasen, ein starker Keiler. Nur um den Keiler ging es an diesem Nachmittag, so als wäre dies eine Jagd wie eh und je. Und als schließlich ein Damspießer »angeschweißt« worden war, wurde eine stundenlange sachgerechte Suche veranstaltet. Zu dieser Zeit verbluteten Zehntausende deutscher und russischer Soldaten im Schnee und Eis dieses erbarmungslosen Winters.

Eine sehr wichtige Neuigkeit erfuhr ich an diesem Tage – und nichts war so entscheidend in jener Zeit wie »im Bilde zu sein . . .« Bis zum 20. Juli war ich im fernen Ostpreußen über die Lage meist besser orientiert gewesen als wahrscheinlich große Teile der Führung, die zwischen eigener Propaganda und Realität, zwischen Illusion und Wirklichkeit längst nicht mehr zu unterscheiden vermochten. Aber nach dem 20. Juli, an dem alle Freunde verhaftet worden waren und ich in große Schwierigkeiten geriet, fehlten mir einfach die Nachrichten.

An jenem Tage also brachte die Verwandschaft folgende Neuigkeit mit: »Der Führer« hatte die drei wichtigsten Leute der Operationsabteilung – die wir zufällig alle drei persönlich kannten – verhaften lassen. Und zwar hatte sich das so abgespielt: Mitte Januar war die russische Offensive als eine Art Zangenbewegung losgegangen. Die nördliche Stoßrichtung zielte auf Ostpreußen, und es gelang den Russen, innerhalb von 8 Tagen von Ostrolenka über Allenstein bis ans Frische Haff durchzustoßen, wo die Panzerspitze am 21. Januar anlangte und die Provinz vom übrigen Deutschland abschnitt; der südliche Teil der Zange hatte sich schon am 12. Januar an der Baranow-Front Richtung Warschau in Bewegung gesetzt.

In diesen Tagen des totalen Zusammenbruchs der Ostfront, in denen niemand ein klares Bild der Lage hatte, erhielt Oberstleutnant von Christen, der in der Operationsabteilung in Zossen saß, aus Krakau die Meldung, Warschau sei gefallen. Er gab den Wortlaut an Oberstleutnant von Knesebeck, den I A der Operationsabteilung, weiter, und dieser erstattete Oberst von Bonin, dem Chef der Abteilung, Meldung. Diese Nachricht war nun aber den wirklichen Ereignissen vorausgeeilt – erst zwei Tage später sollte Warschau fallen. Als Hitler die Boninsche Meldung erfuhr und mit Hilfe eines zweiten Telefongesprächs feststellte, daß sie unzutreffend war, ließ er die drei zufällig Beteiligten verhaften und beraubte damit die Operationsabteilung ihres Kopfes – mitten in der ebenso entscheidenden wie verzweifelten Endphase.

Diese Geschichte zu erfahren, die natürlich nirgends zu lesen war, erschien mir in der Tat sehr wichtig, zeigte sie doch, daß das Ende nicht mehr fern sein konnte. Wer den Chef seiner Operationsabteilung mitten in der Krise wegen Defaitismus verhaften ließ, weil jener eine ordnungsgemäß empfangene Meldung weitergegeben hatte, der mußte doch wohl selbst das Gefühl haben, daß das Ende nahe sei.

Diese merkwürdige Mentalität der Nationalsozialisten: das Unmögliche zu wollen, die fehlenden Kräfte durch Illusionen zu ersetzen und jeden, der diese Illusionen nicht teilte, als Verräter zu behandeln, diese Methode hatte gerade in jenen Januartagen erstaunliche Blüten getrieben. Als die Not am größten war und die irrsinnige oberste Führung ihre Quittung augenfällig präsentiert bekam, begann der »größte Feldherr aller Zeiten« wild um sich zu schlagen, Soldaten wurden erschossen und Generale abgesetzt. In jenen verzweifelt kritischen Januartagen, in denen viele Hunderttausend Deutsche – Soldaten und Zivilisten – umkamen, hat Hitler einen Heerführer nach dem anderen ausgewechselt: Generaloberst Reinhard, Oberbefehlshaber der Heeresgruppe Nord, wurde durch Generaloberst Rendulic ersetzt, Generaloberst Harpe, Oberbefehlshaber der Heeresgruppe A, durch General Schörner. Abgesetzt wurden ferner General Hossbach, Oberbefehlshaber der 4. Armee, und General Mattern. Heinrich Himmler schließlich, der nie etwas mit Strategie zu tun gehabt hatte, wurde am 23. Januar zum Oberbefehlshaber der neugeschaffenen »Heeresgruppe Weichsel« ernannt, die freilich mehr auf dem Papier als in Wirklichkeit existierte.

Doch zurück zu unserem Aufbruch und der Flucht. Auch ich hatte schnell, was mir am unentbehrlichsten schien, in einen Rucksack zusammengepackt: etwas Kleidung und ein paar Photographien und Papiere. Eine Satteltasche mit Wertsachen, Verbandzeug und meinem alten spanischen Kruzifix lag ohnehin, fertig gepackt, stets griffbereit. Trudchen, meine Köchin, hatte schnell noch Abendbrot gemacht, das wir gemeinsam verzehrten, auch die beiden Sekretärinnen stießen dazu. Fräulein Markowski, die ältere, sehr tüchtige, war eine begeisterte Anhängerin des Führers, die jahrelang jede Sondermeldung bejubelt hatte – jetzt war sie sehr still, aber ich bin überzeugt, daß sie sich fragte, ob nicht doch die Ungläubigen und »Verräter« an diesem Debakel schuld seien. Für sie hat sich diese Frage wahrscheinlich nie geklärt, denn die arme Person ist nach Danzig geraten und hat dort die »Gustloff« bestiegen, die, am 30. Januar vor Stolp von russischen U-Booten torpediert, mit 6 000 Flüchtlingen und Soldaten an Bord unterging. Die »Gustloff« war eines der vier zu Transportern umgebauten ehemaligen Passagierschiffe, die damals vor Danzig lagen und die nach Lübeck beordert wurden, als Dönitz den Befehl zur Räumung der Danziger Bucht erteilte. Sie hatten die Weisung, bei dieser Gelegenheit so viele Flüchtlinge wie irgend möglich in den Westen mitzunehmen. Das gleiche Schicksal wie die »Gustloff« ereilte den 17 000 t großen ehemaligen Luxusdampfer »General Steuben«, der, Kopf an Kopf mit Verwundeten belegt, auf dem Wege von Pillau nach dem Westen eine Woche später ebenfalls sank.

Wir aßen also noch rasch zusammen: wer weiß, wann man wieder etwas bekommen würde ... Dann standen wir auf, ließen Speisen und Silber auf dem Tisch zurück und gingen zum letzten Mal durch die Haustür, ohne sie zu verschließen. Es war Mitternacht.

Draußen hatte sich inzwischen der Treck formiert. Ich lief in den Stall, machte mein Reitpferd fertig, von dem ich wußte, daß es allen Strapazen gewachsen sein würde, und trug dem Kutscher auf, meine sehr geliebte Draulitter Schimmelstute an seinen Wagen anzuhängen. Aber der Alte hat diesen Auftrag in seiner Aufregung vergessen, und so blieb sie zusammen mit allen anderen Tieren zurück.

Bis Pr. Holland waren es von Quittainen nur 11 km. Eine gute Stunde Fahrzeit, so rechneten wir normalerweise. An diesem Tag brauchten wir sechs Stunden. Die Straßen glichen spiegelblankem Eis, die Pferde rutschten, das Coupé, in das wir zwei Kranke verladen hatten, stand dauernd quer zur Fahrtrichtung. Aus allen Nebenstraßen kamen sie gequollen und verstopften die Kreuzungen, und einen Kilometer vor der Stadt kam alles endgültig zum Stillstand. Wir standen über zwei Stunden, ohne auch nur einen Zentimeter vorzurücken. Schließlich ritt ich in den Ort, um einmal zu sehen, was dort eigentlich los sei. Auch interessierte mich doch sehr, was wohl die braunen Funktionäre, die noch vor drei Tagen alle Fluchtvorbereitungen für Defaitismus gehalten und schwer hatten bestrafen wollen, jetzt wohl täten.

Ich wand mich durch die Fülle der Wagen und Menschen hindurch zur Kreisleitung der NSDAP. Alle Türen standen offen, verkohltes Papier wirbelte in der Zugluft umher. Auf dem Boden lagen Akten. Alle Zimmer waren leer. »Die sind natürlich als erste weg, die Schweine«, sagte ein Bauer, der gleich mir dort herumstöberte. Ja, sie waren weg. Und bald würden sie gottlob alle weg sein. Aber welch ein Preis! Wie vieles wäre uns erspart geblieben, wenn die Tat vom 20. Juli – vor sechs Monaten – geglückt wäre, so mußte ich denken.

Die Stadt wirkte wie eine blockierte Drehscheibe: von zwei Seiten waren die Trecks hereingefahren, hatten das Ganze verstopft, und nun ging es weder vor noch zurück. Ich ging zur Post, und siehe da, die gute alte Post funktionierte noch. Während draußen das Chaos an ihre Mauern brandete und die »Führer« das Weite gesucht hatten, saßen die alten Angestellten auf ihren Plätzen.

Ich konnte sogar noch mit Friedrichstein telefonieren, das 120 km weiter östlich, jenseits von Königsberg, lag. Dort war die Situation noch normal, von jener abnormen Normalität, die unser Leben schon so lange charakterisierte. Jedenfalls hatten sie dort noch keinen Räumungsbefehl erhalten. Übrigens sollten sie auch nie einen bekommen. Für sie war es ohnehin zu spät. Gerade zu der Zeit, als ich telefonierte, stieß die russische Panzerspitze 25 km vor uns von Süden zum Frischen Haff durch. Ostpreußen war abgeschnitten, und für die, die nicht wie wir in den westlichen Grenzkreisen saßen, erübrigte sich daher der Räumungsbefehl. Ihnen blieb nur noch der Weg über das zugefrorene Haff.

Als ich nach zwei Stunden wieder bei unserem Treck anlangte, waren alle schon total durchgefroren und verzweifelt. Es waren 20 Grad Kälte. Auch Herr Klatt hielt dieses Unternehmen für völlig zwecklos. »Wenn wir doch unter die Russen fallen, dann schon lieber zu Haus« – das war so etwa die Formel, auf die sich alle geeinigt hatten. Und noch etwas anderes hatten sie alle miteinander inzwischen beschlossen: daß ich versuchen sollte, mit meinem Pferd nach Westen durchzukommen, denn mich würden die Russen bestimmt erschießen, während sie selber nur eben in Zukunft für die Russen die Kühe melken und das Getreide ausdreschen würden. Wie irrig die Vorstellung war, daß den Arbeitern nichts geschehen würde, ahnten weder sie noch ich damals.

Kein großer Abschied. Ich bestieg rasch meinen Fuchs, überlegte nur einen Moment, ob ich das Handpferd zum Wechseln mitnehmen sollte: eine derbe, gut gezogene, schwarzbraune, vierjährige Stute. Während ich noch überlegte, trat ein Soldat auf mich zu. Er hatte merkwürdigerweise einen Sattel unter dem Arm und fragte, ob er das Pferd reiten dürfe. Also machten wir uns gemeinsam auf den Weg.

Wir sprachen kaum miteinander – jeder hatte seine eigenen Gedanken und Sorgen. Den ganzen Tag über ritten wir und hatten dabei immer das Gefühl, in einer »Schlange« zu stehen: vor uns, hinter uns, neben uns Leute, Pferde, Wagen. Hin und wieder sah man ein bekanntes Gesicht oder las den Namen eines bekannten Gutes auf einer kleinen Tafel, die an dem Wagen baumelte. Hinter dem Städtchen Pr. Holland begegneten wir kleinen Handwerkern und Ladenbesitzern, die sich mit einem Handwagen aufgemacht hatten, in dem die Großmutter saß oder auf dem sie ihre Habe untergebracht hatten. Mein Gott, was für Bilder! Und wo wollten eigentlich all diese Menschen hin? Wollten sie sich wirklich hunderte, vielleicht tausend Kilometer in dieser Weise fortbewegen?

Es war längst Nacht. Wir saßen seit mehr als zehn Stunden auf den Pferden und waren noch immer nicht in Elbing. Das Vorwärtskommen wurde immer schwieriger, weil jetzt in unsere Ost-West-Bewegung von Südosten flüchtende Trosse hineinstießen: niedrige Wagen mit Panje-Pferden bespannt, die Munition und Gerät beförderten; später auch Panzer, die alle Flüchtlingsfahrzeuge erbarmungslos in die Chausseegräben drängten, wo dann viele umstürzten und zerbrachen.

Plötzlich hielt uns ein Offizier an, der in der Mitte der Straße stand: wie ein Fels mitten im Fluß, und nach flüchtenden Soldaten Ausschau hielt. Er hatte trotz der Dunkelheit erkannt, daß mein Begleiter Uniform trug. »Was, Urlaub? Das gibt's nicht mehr.« Auch meine Bemühungen, ihn zu überreden, waren völlig vergebens. Der Soldat mußte absteigen, verschwand im Dunkeln, und ich stand plötzlich da mit meinem Handpferd, das sich wie ein Kalb, das zum Schlächter geführt werden soll, ziehen ließ. Gar nicht daran zu denken, daß ich mich tagelang so würde fortbewegen können. Ich war recht ratlos: stehenbleiben konnte man nicht, vorwärts wollte die Stute nicht. Da hörte ich plötzlich in der Dunkelheit meinen Namen rufen, blickte in das Menschengewühl und sah drei Quittainer, darunter Georg, den 15jährigen Sohn unseres Forstmeisters. Sie hatten sich per Rad aufgemacht. Was für ein Glück: Org mußte sein Rad an einen Chausseebaum stellen und erklomm die Schwarzbraune.

Wir hatten ausgemacht, alle vier zusammen Rast zu machen auf einem Hof, den ich kannte, kurz vor Elbing. Dort trafen wir uns. Die Besitzer waren schon weg und Militär im Hause. Nach ein paar Stunden Ruhe wurde es mir ungemütlich: die von Südosten kommenden Trosse waren so sehr eilig gewesen. Es war zwei Uhr morgens. Ich weckte die anderen, schraubte den beiden Pferden neue, scharfe Stollen unter, ohne die man sich bei dieser Glätte gar nicht fortbewegen konnte, und ging zu dem Telefonisten, den ich beim Ankommen in einer improvisierten Schreibstube hatte sitzen sehen, um etwas über die Lage zu erfahren. »Was, Sie sind noch hier? Sie müssen sofort weg. Wir haben eben Befehl bekommen, die Brücke zu sprengen. Machen Sie rasch, daß Sie noch drüber kommen.«

Wieder eisig kalt. Und wieder »die Schlange«, in die wir uns einreihten. Und nach 18 Stunden wieder ein paar Stunden Schlaf, aus dem ich durch eine Stimme geweckt wurde, die laut und monoton rief: »Alles raus, die Russen sind . . .«. Wir hatten dieses Dorf, dessen Name mir entfallen ist, als letztes passiert, ich wußte also, daß es nur 3 km entfernt war. Es war der Bürgermeister, dem das Haus gehörte, und der eben Nachricht bekommen hatte. Ich weckte Org, und wir versuchten gemeinsam, die Soldaten wach zu bekommen, die im Vorraum auf dem Fußboden schliefen. Vollkommen vergeblich.

Ganz langsam, im Zeitlupentempo – so als sollten die Bilder sich noch einmal ganz fest einprägen – zog ostpreußische Landschaft wie die Kulisse eines surrealistischen Films an uns vorüber. Elbing, Marienburg, mit dessen Geschichte meine Familie mehrfach verbunden war, und dann Dir-

Im Herbst überschwemmt nach langen Regenfällen der Pregel die Wiesen.

schau. Dirschau sah aus wie eine gigantische Bühne für eine Freilichtaufführung von Wallensteins Lager: Menschen über Menschen in den wunderlichsten Kostümen. Hier und da Feuer, an denen gekocht wurde. Der Kanonendonner war jetzt schon ganz nah, manchmal schienen alle Haustüren zu wackeln. Wir krochen am Rande der Stadt in einem Hof unter. Während der eine auf einem Sofa schlief, mußte der andere im Stall bei den Pferden wachen – denn ein Pferd war in diesen Zeiten ein Königreich wert. Aber es war keine rechte Ruhe, die ganze Zeit zogen Leute durch das Haus, nahmen ein Kissen mit oder ein Handtuch, öffneten ein Weckglas, auch wir hatten hier in der Vorratskammer zum erstenmal wieder richtig gegessen.

Mich kroch plötzlich der ganze Jammer der Menschheit an, und ich begann zu bereuen, daß ich nicht mit unseren Leuten zusammen nach Hause zurückgekehrt war. Der Gedanke, zu versuchen, jenen Entschluß zu revidieren, vielleicht jetzt noch von diesem laufenden Band abzuspringen, erschien mir plötzlich faszinierend: Wenn Züge noch hin und wieder voll nach Westen gingen – würden nicht vielleicht andere leer nach Osten fahren? Vielleicht könnte ich nach Königsberg und von dort nach Friedrichstein. Ich ging zum Bahnhof. Auch hier waren Tausende von Menschen. Natürlich kein Schalter offen, keine Auskunft, nichts. Schließlich fand ich einen Beamten: »Was, nach Königsberg?« Er sah mich an, als wollte ich zum Mond reisen, und schüttelte den Kopf. – Nein, nach Osten fuhr keiner mehr.

In Dirschau waren mir meine pelzgefütterten Handschuhe gestohlen worden – wahrscheinlich hatte ich sie irgendwo einen Moment aus der Hand gelegt und dann nicht gleich wieder an sie gedacht. Das war ein harter Schlag mit unangenehmen Konsequenzen. Gar nicht daran zu denken, irgendwoher ein anderes Paar zu beschaffen. Und gar nicht daran zu denken, bei 20 Grad Kälte ohne Handschuhe zu reiten. Merkwürdige Zeiten, in denen das Überleben davon abhängt, ob man Handschuhe hat oder nicht. Da ich zwei Paar Skisocken übereinander angezogen hatte, ließ ich ein Paar zu Handschuhen avancieren. Aber der Wind pfiff durch das gestrickte Zeug wie durch ein Sieb.

Auf unserer Karte hatten wir festgestellt, daß es durchaus möglich sein müßte, auf Landwegen westwärts vorzudringen und auf diese Weise aus dem Flüchtlingsstrom herauszukommen, der sich mit einer Geschwindigkeit von nur zwei, höchstens drei Kilometern in der Stunde fortbewegte. Oft stand man innerhalb einer Stunde mehr, als man in Bewegung war. Das passierte immer dann, wenn ein Ort vor uns lag, Seitenstraßen einmündeten oder Wagen zusammengebrochen waren. Den Versuch, in solchen Fällen mit unseren Pferden einfach auf den Acker auszuweichen, hatten wir bald aufgeben müssen, die Schneeverwehungen waren zu groß.

Landwege – eine geradezu erlösende Vorstellung. Weg von dieser Landschaft des Jammers und der Verzweiflung. Erst ging es auch ganz gut, aber die Länge brachte die Last. Vor allem für die Pferde, die immer wieder bis an den Bauch in Schneewehen gerieten. Es wurde immer dunkler. Dörfer gab es hier im Kaschubischen Land, einem Teil des ehemaligen Polnischen Korridors, offenbar nicht, nur einzelne Gehöfte, deren Bewohner kein Deutsch verstanden. Und schließlich war plötzlich auch kein Weg mehr zu sehen. Org war sehr verzweifelt. Der Arme hatte fürchterliche Reitschmerzen, weil er das Reiten nicht gewohnt war, auch hatte er sich beide Ohren angefroren – bei mir waren an jeder Hand zwei Finger steif, die in den nächsten Tagen aufbrachen und arg schmerzten.

Wir mußten unbedingt einen Gutshof finden, schon um richtig abfuttern zu können. Ich stieg ab und betrat eine jener ziemlich armseligen Katen. Die Familie saß bei einer Petroleumlampe und löffelte Milchsuppe. Sie sahen mich alle ganz entsetzt an, hielten mich wohl für den ersten Vorboten der Kriegsfurie. Die Verständigung war schwierig, aber soviel bekam ich doch heraus, daß etwa 3 km entfernt ein großes Gut sei. Schließlich nahm der rührende Mann sogar die Stallaterne und marschierte uns voran über Hügel bis zur nächsten Kate, und von dort brachte sein Nachbar uns über den nächsten Hügel, und dann sah man auch schon den Weg und das Gut.

Das Gut gehörte einem Herrn Schnee. Hafer gab es über Erwarten reichlich – als Schlafstätte aber wie gewöhnlich nur den Fußboden der Wohnstube, wo schon etwa 20 Personen, offenbar alles Leute aus dem »Korridor« und dem Warthegau, die sich größtenteils untereinander kannten, zusammengefunden hatten. Sie sprachen viel von ihren Erinnerungen nach dem Ersten Weltkrieg, bei denen es offenbar nicht an polnischen Greueln gefehlt hatte. Nachdem ich mich mit einem Beitrag über deutsche Greuel reichlich unbeliebt gemacht hatte, schlief ich rasch ein.

Meine Hoffnung, im Hause Schnee würden sich vielleicht ein Paar Handschuhe auftreiben lassen, war leider trügerisch. Sie hatten schon alles Entbehrliche abgegeben. Aber ich bekam eine dicke Gardine zugeteilt,

Nadel und Faden, und war nun einen halben Tag damit beschäftigt, mir Handschuhe zu nähen. Und Org bekam glücklicherweise eine Pelzmütze, außen weiß und innen Fell. Glücklicherweise, denn die Tage, die nun kamen, waren schlimmer als alles, was wir bisher erlebt hatten.

Das Thermometer war noch weiter gesunken, und dazu hatte sich – was bei großer Kälte eigentlich selten vorkommt – ein orkanartiger Ostwind aufgemacht. Als wir endlich, fertig ausgerüstet, den Hof verließen und einen geschützten Hohlweg hochritten, sahen wir in der Ferne jenseits eines Feldes wieder den großen Heerwurm auf der Landstraße vor uns. Es schneite nicht, aber die ganze Luft wirbelte von Schnee. Wie durch einen dicken weißen Schleier sah man die unglücklichen Menschen langsam, ganz langsam vorwärts kriechen, die Mäntel vom Winde vorwärtsgepeitscht, viele Dachkonstruktionen der Treckwagen waren zusammengebrochen. Wir reihten uns ein in diesen Gespensterzug und sahen die ersten Toten am Weg liegen. Niemand hatte die Kraft, die Zeit oder die Möglichkeit, sie zu begraben.

Und so ging es tagelang – wochenlang. Von rechts und links stießen immer neue Fahrzeuge, immer mehr Menschen hinzu. Und nicht nur hier im Nordosten; schon seit dem vergangenen Herbst die gleichen Bilder im Südosten Deutschlands: Trecks und wieder Trecks. Aus Bessarabien, dem Banat, aus Siebenbürgen und der Batschka, aus uralten deutschen Siedlungsgebieten wälzten sich diese Elendszüge westwärts. Hinter ihnen brannte die Heimat, und wer sich entschlossen hatte zu bleiben, den hatte sein Schicksal längst ereilt. 700 Jahre Geschichte auch in Siebenbürgen ausgelöscht.

Viele dieser Bilder werde ich nie vergessen. Irgendwo unterwegs – ich glaube zwischen Bütow und Bernet – war eine Stelle, wo man 3 km voraus und 3 km zurück die schnurgerade Chaussee überblicken konnte. Auf diesen 6 km sah ich keinen Quadratmeter Straße, nur Wagen, Pferde, Menschen und Elend. Niemand sprach. Man hörte nur das Knirschen der allmählich trocken werdenden Räder.

Ein anderes Bild: Es war wohl noch in Ostpreußen, da kamen eines Tages drei Panzer, die behangen waren mit Flüchtlingen – Frauen und Kindern, die Säcke und Koffer bei sich hatten –, Zivil und Militär, diese Verschmelzung von Normalem und Unnormalem, von Zerstören- und Überlebenwollen hatte ich noch nie gesehen. Es sah gespenstisch aus. Sie hielten aus irgendeinem Grunde einen Moment an. Ein Bauer sagte: »Ihr solltet lieber die Russen aufhalten, anstatt uns hier von der Straße zu drängen.« Einer der Soldaten, ein wilder Kerl, dem das schwarz-weiß-rote Band aus dem Knopfloch flatterte, schrie ihn an: »Wir haben genug von dieser Scheiße!«

Und einmal, wir kamen gerade ein bißchen besser voran und waren an vielen Wagen vorbeigeritten, sahen wir plötzlich nur noch französische Gefangene. Es waren Hunderte und aber Hunderte, vielleicht Tausende. Viele hatten unter ihre Pappköfferchen zwei Holzleisten als Kufen genagelt und zogen ihr Gepäck an einem Bindfaden hinter sich her. Sie sprachen kein Wort. Man hörte nur das kratzende scharrende Geräusch der Kästen und Koffer. Und rundherum endlose Schnee-Einsamkeit wie beim Rückzug der Grande Armée vor 130 Jahren.

Und noch ein unvergeßlicher Eindruck: Wir waren seit etwa 14 Tagen unterwegs, da kamen wir eines Abends in Varzin an, einem großen Besitz im Kreise Rummelsburg, den der Kanzler Bismarck aus seiner Dotation nach 1866 erworben hatte: prachtvolle große Wälder, eine vorbildlich geleitete Landwirtschaft.

Nogat und Weichsel lagen hinter uns, und ich hatte geglaubt, daß man hier erst einmal würde verweilen können. Endlich ankommen – ein erlösender Gedanke. Wir ritten durch das Parktor den etwas ansteigenden Weg zum Schloß hinauf. Oben vor dem Hauptportal stand ein Trecker und zwei große Gummiwagen, hoch bepackt mit Kisten. Also sind schon andere Trecks hier eingekehrt, dachte ich: hoffentlich ist noch Platz im Hause. Aber zu meiner größten Überraschung erfuhr ich, daß dies kein ostpreußisches Fluchtgepäck war, sondern vielmehr das Bismarcksche Archiv, das evakuiert werden sollte. Also auch hier Aufbruch. Und ich hatte immer geglaubt, hinter der Weichsel gäbe es Ruhe.

Damals lebte noch die Schwiegertochter des Kanzlers, eine kleine, feingliedrige, höchst amüsante uralte Dame, die in ihrer Jugend oft Anlaß zu mancherlei Stirnrunzeln gewesen war: Sie hatte Jagden geritten, Zigarren geraucht und sich durch Witz und Schlagfertigkeit ausgezeichnet.

Und sie war auch jetzt noch ungemein fesselnd, so fesselnd, daß ich mich nicht entschließen konnte – was durchaus geboten schien –, am nächsten Tage weiterzuziehen. Also blieben wir zwei Tage. Zwei denkwürdige Tage. Draußen zogen die Flüchtlinge langsam durch das Land, und immer, wenn die letzten vorüber waren, schlossen sich Einheimische an und wurden selbst zu Flüchtlingen. Auch hier war man gerade an diesem Wendepunkt angelangt. Der Trecker, den wir hatten stehen sehen, war bereits ohne die alte Gräfin losgefahren, die nicht dazu zu bewegen war, Varzin zu verlassen. Alle Warnungen und Vorstellungen fruchteten nichts. Sie war sich ganz klar darüber, daß sie den Einmarsch der Russen nicht überleben würde. Sie wollte ihn auch nicht erleben, und darum hatte sie im Park ein Grab ausheben lassen (weil dazu nachher niemand mehr Zeit haben würde).

Sie wollte in Varzin bleiben und sich bis zum letzten Moment an der Heimat freuen. Und das tat sie mit großer Grandezza. In ihrer Umgebung war alles wie immer. Der alte Diener, der auch nicht wegwollte, servierte bei Tisch. Es gab einen herrlichen Rotwein nach dem anderen – Jahrgänge, von denen man sonst nur in Ehrfurcht träumt. Mit keinem Wort wurde das, was draußen geschah und was noch bevorstand, erwähnt. Sie erzählte lebhaft und nuanciert von alten Zeiten, von ihrem Schwiegervater, vom kaiserlichen Hof und von der Zeit, da ihr Mann, Bill Bismarck, Oberpräsident von Ostpreußen gewesen war. Als ich dann schließlich Abschied nahm und wir weiterritten, sah ich mich auf halbem Wege zum Gartentor noch einmal um. Sie stand gedankenverloren in der Haustür und winkte noch einmal mit einem sehr kleinen Taschentuch. Ich glaube, sie lächelte sogar – genau konnte ich es nicht sehen.

Wenige Tage später, es war auch in Pommern, etwas abseits der großen Straße, gegen Abend kamen wir wieder auf einem Gutshof an. Ich stieg ab, ging die Balkontreppe hinauf und klingelte, während Org im Dämmerlicht die beiden Pferde hielt. Die Besitzer hatten die beiden Gestalten und ihre Pferde offenbar durch ein Fenster beobachtet. Ich trug eine hohe schwarze Pelzmütze und einen Pelz, der mit graugrünem Tuch bezogen war und von einem Gürtel zusammengehalten wurde. Mag sein, daß er ein wenig wie ein Offiziersmantel wirkte. Es war übrigens mein alter Fahrpelz, den ich mit Hilfe eines Taschenmessers in einen Reitpelz verwandelt hatte, das heißt, ich hatte ihn hinten kurzerhand vom Saum bis zum Gürtel hinauf aufgeschlitzt.

Es dauerte merkwürdig lang, bis die Tür geöffnet wurde. Der Hausherr öffnete sie selbst. Sehr bleich, sehr konzentriert. Ich sagte, wer ich sei: immer noch Schweigen, keine Aufforderung, hereinzukommen. Danach drehte er sich plötzlich um und rief ins Treppenhaus hinauf: »Es sind nicht die Russen!« Und dann strömte die erleichterte Familie zusammen, und wir tauschten Gerüchte aus – denn Nachrichten hatten weder sie noch ich.

Das Haus war voller Flüchtlinge: Verwandte, Bekannte, zufällig Hereingeschneite wie wir. Es war eine lange Tafel am Abend, erleuchtet von ein paar Kerzen, elektrisches Licht gab es nicht mehr. Der Hausherr sprach mit

Ein Fischergehöft in den Pregelwiesen, am sogenannten ›Tollen See‹ gelegen.

großem Ernst das Tischgebet. Er saß an der Spitze des Tisches und teilte mit einer gewissen Feierlichkeit die Suppe aus. Die Wehmut des Abschieds schwang bei allen mit, in jeder Geste, in jedem Wort, auch im Schweigen.

Waren östlich der Weichsel die Häuser und Scheunen, in denen wir für ein paar Stunden oder eine Nacht Unterkunft fanden, stets schon verlassen, so war im Gegensatz dazu in Pommern alles noch intakt – was man damals so »intakt« nannte. Aber die Einheimischen fürchteten, es könnte auch ihnen eines Tages so ergehen wie uns – obgleich es mir ganz unvorstellbar erschien, daß auch die Pommern würden flüchten müssen.

Wie nahe die Stunde auch ihres Schicksals gerückt war, ahnten an jenem Abend weder sie noch ich. Es war Mitte Februar. Am 26. Februar trat General Schukow zum Angriff auf Pommern an. Am 28. Februar waren seine Panzer – Flüchtlinge und Einheimische niederwalzend – bereits in Köslin und Schlawe. Von den deutschen Panzern, die sie aufhalten sollten, hatte jeder noch zehn Granaten. Die Besatzungen waren todmüde und kämpften ohne Hoffnung. Gegen einen deutschen Panzer standen zehn russische.

Manch einer in Pommern hatte uns fast ein wenig neidisch zum Abschied gewinkt. Manch einer hätte gern wenigstens die Kinder und jungen Mädchen und ein paar Wertsachen mit uns auf den Weg geschickt. Aber auch hier wieder das gleiche: Es war streng verboten. Und Leute, die aus vermeintlichem Patriotismus denunzierten, gab es überall, darum wagte niemand, dem Verbot zuwiderzuhandeln. Noch nie hat der Führer eines Volkes so gründlich das Geschäft des Gegners betrieben, noch nie hat ein oberster Kriegsherr seine Soldaten durch so dilettantisches Führen selbst zu Hunderttausenden in den Tod getrieben; noch nie hat derjenige, der behauptete, Landesvater zu sein, sein Volk eigenhändig an die Schlachtbank geschmiedet und jedes Entrinnen verhindert. Er, der meinte, der deutsche Lebensraum sei zu klein, er, der ausgezogen war, ihn zu erweitern, hatte Millionen Deutscher ihrer vielhundertjährigen Heimat beraubt und Deutschland auf ein Minimum reduziert. Lange ehe der Krieg ausbrach, gab es in Berlin einen Witz, bei dem Stalin von seinem Gauleiter Hitler sprach.

An der Oder versuchten deutsche Truppen, das Eis zu sprengen, um auf diese Weise so etwas wie eine Panzersperre zu errichten. Es ging nicht. Dann versuchte man es mit Sägen, so wie es in meiner Kindheit überall auf dem Lande geschah, wenn »Eis gemacht wurde«, das dann in Kellern oder

Mieten für den Sommer konserviert wurde. Aber auch das gelang nicht – bei fast 30 Grad Kälte froren die Stücke immer wieder zusammen, ehe man sie noch herausziehen konnte.

Als wir endlich kurz vor Stettin gelangt waren, schoß es so stark und, wie mir schien, so nah, daß ich nicht versuchen wollte, durch diese Mausefalle hindurchzugelangen – wir beschlossen, was viele Trecks taten, ganz herauf an die Küste und über die Inseln Usedom und Wollin zu reiten und dann durch Vorpommern und die Mark.

Einmal schlossen wir uns drei Offizieren an, die sich in der Gegend auskannten und auf Nebenstraßen zu einem Ziel strebten, in dessen Nähe auch ich gelangen wollte, weil ich dort einen Teil meiner Familie zu finden hoffte. Endlich den großen Treckstraßen entronnen. Unsere Pferde, durch die anderen animiert, schafften in drei Tagen 150 km. Aber als wir schließlich spät abends auf dem Gut in der Uckermark ankamen, stellte sich heraus, daß 800 polnische Offiziere in dieser Nacht dort Station machten und alle Gebäude, Haus, Ställe und Scheunen, belegt waren. Diese Unglücklichen hatten Jahre in irgendeinem großen Gefangenenlager zugebracht, und ein Teil von ihnen war jetzt beim Abtransport von den Russen überrollt worden. 1200 polnische Offiziere waren dabei geschnappt worden. Die restlichen Kameraden schienen sich düstere Vorstellungen von deren Schicksal zu machen, denn ihr einziges Sinnen und Trachten ging dahin, nach Westen zu entkommen. Wer alles in diesen Strudel des Untergangs mit hineingezogen wurde!

Selten hatte ich auf einen Moment so zugelebt wie auf das Wiedersehen mit meiner Schwägerin und den Kindern. Auch freute ich mich seit Wochen darauf, endlich einmal baden und andere Sachen anziehen zu können, denn meinen Rucksack hatte ich schon am zweiten Tag nach dem Aufbruch preisgegeben – weil er zu hinderlich gewesen war. Aber nun stellte sich heraus, daß die Familie seit drei Tagen weg war. Aufgebrochen, geflüchtet. Ich konnte es gar nicht fassen, daß man in der Gegend von Prenzlau flüchten mußte. Und wo würden eigentlich alle diese Menschen bleiben? Wovon leben?

Also ging es wieder weiter – »ankommen«, das war offenbar eine Vokabel, die man aus seinem Wortschatz streichen mußte. Es ging weiter durch die Mark, durch Mecklenburg, Niedersachsen nach Westfalen. Drei große Flüsse, die einmal unser östliches Deutschland charakterisierten, hatte ich überquert: Weichsel, Oder und Elbe. Bei Vollmond war ich aufgebrochen, inzwischen war Neumond, wieder Vollmond und wieder Neumond geworden.

Im tiefsten Winter war ich zu Haus vom Hof geritten, als ich schließlich bei Metternichs in Vinsebeck in Westfalen ankam, war es Frühling. Die Vögel sangen. Hinter den Drillmaschinen staubte der trockene Acker. Alles rüstete sich zu einem neuem Beginn. Sollte das Leben wirklich weitergehen – so als sei nichts passiert?

Die zu Haus blieben, sind nicht mehr daheim

Zum drittenmal sind jenseits der Weichsel die Wiesen und Wälder grün geworden, und in manchen Gärten mögen ein paar vergessene Blumen und Sträucher blühen. Sicher haben die Störche ihre Nester wieder bezogen oder auf den Ruinen verwaister Gehöfte neue gebaut. Der Balzruf der Kraniche im Bruch ist wieder verstummt, und längst sind Schwäne und Wildgänse weiter gen Norden gezogen. Für sie, die Glücklichen, gibt es keine Grenzen. Sie fragen nicht danach, wer die Seen, Wälder und Flußniederungen von Afrika bis hinauf nach Skandinavien beherrscht und regiert – sie sind überall daheim. Man muß offenbar zu der Spezies »Krone der Schöpfung« gehören und vernunftbegabt sein, um diese theoretisch glückliche, ungeteilte Welt so tief innerlich zerstören zu können.

Ja, die Störche, die nisten nun wieder auf dem Dach der alten Scheune am Teich, und Barbarossa – so nannten wir den Alten, der an einer extravaganten rotbraunen Halskrause kenntlich war und jedes Jahr getreulich wieder zurückkehrte – steht vermutlich in der Abendsonne auf dem Dachfirst und lauscht wohlgefällig dem Spektakel der Frösche. Wahrscheinlich ist er der einzige, der die Heimat noch mit der gleichen Liebe betrachtet wie zuvor, die wenigen Menschen, die dort blieben, die tun es nicht mehr.

Im Frühjahr dieses Jahres kam ein Brief aus Ostpreußen, die erste und letzte Nachricht aus dem verlorenen Paradies seit der Vertreibung. Die Frau des Müllers Crispin schrieb: »Damals, als die Russen kamen, es war ein Dienstag, brannte es an vielen Stellen im Dorf. Als erste wurden die beiden Gespannführer Möhring und Kather, der alte Gärtner Neubert und der Apotheker Wilmar erschossen und auch Frau Lukas von der Klingel.«

Frau Lukas, die brave, wohnte neben der Klingel, mit der der Kämmerer zur Arbeit läutete. Sie war die Frau des etwas einfältigen Postfahrers Fritze Lukas, die zuweilen in der Küche aushalf, allerdings nur, sofern Tag und Stunde nicht gegen ihre Lebensprinzipien verstießen: am Donnerstag durfte man kein Werk beginnen, am Sonnabend, der stets Heiligabend hieß, nicht arbeiten, zwischen Weihnachten und Neujahr keine Wäsche waschen und dergleichen mehr.

In dem Brief steht weiter: »Ein paar Tage später wurde dann Magda Arnheim, Lotte Muss mit Kind und die Oma Muss erschossen und in Schönau fünf Arbeiter vom Gut und die Frau vom Förster Schulz, die aber erst nach acht Tagen starb und sich sehr hat quälen müssen. Der alte Muss hat sich damals erhängt. Im Februar gingen dann die Abtransporte nach dem Ural los. Mein Mann war auch dabei, ebenso der Krugwirt Dreher und seine Tochter Ulla, die beiden Töchter vom Stellmacher Jüngst, Frau Prüschmann, Frau Zimmermann, die vier Marxschen Mädels, Christel und Hertha Hinz und die Tochter vom Schmied. Ich erhielt vor ein paar Monaten durch Karl Marx, der mit ihnen zusammen ging, die Nachricht, daß mein

Die dreihundertjährigen Eichen im Park von Steinort.

Mann und die meisten anderen im Ural gestorben sind. Sie sehen, wie der Tod in unserem Dörfchen gehaust hat. Zuerst all die Jungens an der Front, und nun die anderen.«

Zuerst all die Jungens ... Ich erinnere mich gut, es waren 15 Namen, die der Pfarrer damals am letzten Totensonntag, den wir zu Hause verbrachten, in der Kirche verlas, als der Gottesdienst für die Gefallenen gehalten wurde. Ihre Träger waren alle in der gleichen Kirche getauft und eingesegnet worden. Er hatte damals davon gesprochen, daß das große Sterben nun bald ein Ende haben würde, aber er hatte nur insofern recht behalten, als der Krieg bald darauf ein Ende fand, nicht aber das Sterben. Die kleinen Mädchen, die damals in ihren Konfirmationskleidern, die schwarz gefärbt worden waren – weiße brauchen sie nun doch nicht mehr, hatten die Mütter gesagt –, an einem Tag im November 1944 in der alten Dorfkirche um ihre Brüder und Verlobten trauerten, die haben nun selber einen zehnfach schlimmeren Tod gefunden.

Heinrich Muss, der Nachtwächter, erhängt! Jeder dieser Namen ist wie ein Anruf aus einer anderen Welt. Wie oft haben wir abends noch einen kleinen Schwatz an der Stalltür gemacht, wenn ich mit dem Schimmel spät nach Hause kam; und manchmal, wenn er sehr mitteilsam war, begleitete er mich die Pflasterstraße herauf bis zu meinem Häuschen, über dem manchmal dann schon der Mond hoch am Himmel stand.

Sein liebstes Thema war die Geschichte von dem alten Sonderling in Zallenfelde, der Kranke heilen und die Zukunft voraussagen konnte. Er hatte angeblich alles vorhergesagt; den ersten Krieg und alles, was dann kam ... In der feierlichen Sprache von Muss lautete das etwa so: »Und dann wird ein Mann aus dem Volk aufstehen und wird falsches Zeugnis ablegen, und alle werden ihm anhängen, und er wird sein wie ein König und das Reich groß machen. Hütet Euch aber vor seiner Lehre, denn er ist ein Antichrist. Und ein großer Krieg wird kommen, und der Himmel wird rot sein von Flammen im Osten, Westen und Süden. Und wo des Rosses Fuß und der Menschen Schritt einst erklang, da werden die Gräber sich reihen und die Dörfer verwaisen und am Ende dieser Zeit« – und dann flüsterte der Alte nur noch und schaute sich immer wieder um in der stillen Nacht – »am Ende, da wird das deutsche Volk sich unter einer Linde versammeln, denn mehr bleiben ihrer nicht.«

Wenn er diesen geheimnisvollen Orakelspruch, den er auswendig hersagte, beendet hatte, ging er, begleitet von seinem Hund Nelly, nachdenklich von dannen, um seinen Pflichten nachzukommen. Denn Muss mußte alle Stunde einmal durch die Ställe gehen, um zu sehen, ob alles in Ordnung war. Und dann gehörte es zu seinen Obliegenheiten, alle zwei Stunden an den vier verschiedenen Himmelsrichtungen des Dorfrandes zu blasen, damit jeder wußte, Muss ist auf dem Posten. Er tat es gern, weil die kleine Messingtute, die seinen jeweiligen Aufenthaltsort bekanntgab, ihm die Gewißheit verschaffte, daß, wer nächtlicherweise Böses im Schilde führte, ihm mit Sicherheit aus dem Weg gehen werde.

Aber der Brief geht noch weiter: »Schwester Ilse, die uns alle zuerst wieder gesund gepflegt hat (Typhus), macht mir jetzt viel Sorge. Sie liegt seit vierzehn Tagen krank, körperliche Schwäche, Schwindel und Ohnmachtsanfälle. Na ja, langsam kommt das über uns alle bei dieser Lebensweise.

Ich habe oft die Wohnung wechseln müssen. Nachdem unser guter Oberinspektor bei mir in der Mühle angeschossen worden war, bin ich aus Angst ins Dorf gezogen. Er wohnte schon seit einigen Monaten bei mir, am 27. 8. 1945 bekam er einen Bauchschuß. Ich habe ihn am nächsten Tag mit dem Handwagen ins Krankenhaus nach Preußisch Holland gebracht. Die Frauen aus Schönau haben geholfen. Es war kein leichtes Werk, den schweren alten Mann, der furchtbare Schmerzen hatte, fortzubewegen. Wir waren vier Stunden unterwegs, an der Grenze bat er uns anzuhalten und sagte: Frauen, laßt mich noch einmal mein schönes Quittainen sehen. Als wir dann um 11 Uhr vor dem Krankenhaus vorfuhren, war Herr Klatt unter viel Schmerzen verstorben.

Jetzt wohne ich mit Frau Dreher, Schwester Ilse und dem alten Opa Klein zusammen. Wir gehen alle auf Arbeit, um uns notdürftig zu ernähren. Die Kleine von der Ilse ist im März zwei Jahre gewesen und für uns alle der einzige Sonnenstrahl in dieser Sklaverei. Auch Frau Keller hat noch ein kleines Töchterchen bekommen, sie hat heute gerade einjährigen Geburtstag. Frau Keller selbst ist nur noch der reine Schatten, kein Wunder in dieser Zeit, und dann noch ein kleines Kind. Milch gibt es ja nicht und kaum Brot. Wenn man nicht so viel auf Gott vertrauen würde, aber er verläßt uns immer nicht. Wie oft sah man dem Tod ins Auge, wie oft dachte man, was gibst du heute den Deinen, was morgen. Aber er hat geholfen und hilft auch weiter. Nur wird uns langsam die Heimat fremd. Man spricht viel, daß wir auch jeden Augenblick raussollen. Wir warten täglich darauf.«

Die ersten Bilder seiner Jugend waren der See vor dem Hause, der Wald, der sich an den Park anschloß, endlose Kornfelder, Weidegärten und Pferde – Rennpferde, Mutterstuten, Hengste. Und schließlich nicht zu vergessen die Pferde in den Ställen der Gutshöfe, die die Knechte viererlang vom Sattel aus im Galopp auf die Felder jagten, wo wir dann abwechselnd mit der Dorfjugend von Hocke zu Hocke »weiterfahren« durften, uns auf diese Weise im Reiten und Fahren übend.

Der Stall, in dem die sogenannten Kutschpferde, also die Reit- und Wagenpferde, in langer Reihe nebeneinanderstanden, prachtvoll »frisiert« und mit schöner »Jacke«, wie man das nannte, war sehr viel mehr nach des jungen Lehndorff Herzen als das zinnenreiche Schloß, das sein Großvater, der langjährige Flügeladjutant Wilhelms I., kurz nach der Jahrhundertwende gebaut hatte.

Von ihm – Großvater Lehnhoff – gab es ein Bild, das ihn in großer Uniform, mit langen Bügeln in der eleganten Manier jener Zeit, auf einem Grauschimmel sitzend zeigte. Es stand im »Gelben Salon«, das heißt, es hing nicht an der Wand, sondern es stand dort auf einer Staffelei. Ein verblichenes Couvert, das aus seinem Nachlaß stammte und irgendwo aufbewahrt wurde, enthielt, von uns sehr bestaunt, die Schrotkugel, die den alten Kaiser verwundet hatte, als Nobiling am 2. Juni 1878 in Berlin Unter den Linden auf ihn schoß. Es war jenes Attentat, das Bismarck zum Anlaß für das Sozialistengesetz genommen hatte.

Preyl war das einzige große Haus aus modernen Zeiten in Ostpreußen. Anders als in Schlesien, wo der Reichtum, den Kohlengruben und Industrie hervorbrachten, in den Gründerjahren auch auf dem Lande meist recht geschmacklosen Ausdruck gefunden hatte, gab es in Ostpreußen keinen großen Landsitz, der in der zweiten Hälfte des 19. Jahrhunderts erbaut oder auch nur umgebaut worden wäre. Die repräsentativen Schlösser (bis auf Schönberg, das aus der Ordenszeit stammte) waren meist unter dem ersten preußischen König bald nach dessen Krönung im Jahre 1701 errichtet worden. Und seither hatte man maßvoll und gemessen ohne jedes Prunkbedürfnis in ihnen gelebt.

Preyl lag etwa 15 km nördlich Königsberg, während meine Heimat Friedrichstein sich 20 km östlich der Provinzhauptstadt befand. Vor dem

Ersten Weltkrieg, als man noch keine Autos hatte, pflegten unsere Eltern diese Strecke von hin und her 70 km je nach Wetterlage im Coupé oder im offenen Landauer zurückzulegen, gelegentlich sogar nur zum abendlichen Diner. Nach dem Ersten Weltkrieg, zur Zeit, da wir heranwuchsen, wäre uns dies als heillose Zeitverschwendung erschienen, wir fuhren mit der Eisenbahn oder mit dem Rad.

Keineswegs für Zeitverschwendung hingegen hielten wir es – Heini Lehndorff, seine Schwester und ich –, täglich viele Stunden auf den Pferden zu verbringen. Kein Weg und kein Pfad im kilometerweiten Umkreis, den wir nicht kannten. Kein Stoppelacker im Herbst, kein sandiger Weg, der uns nicht als Rennstrecke diente. Noch ist mir der Ton der sich dehnenden Gurte und das Knirschen des Sattelzeugs im Ohr, spüre ich das Sausen des Windes und das Scheuern der Fingerrücken am nassen, schweißduftenden Pferdehals. Nie schien die Freiheit größer und das Glück gegenwärtiger.

Etwas später dann kamen die ersten jagdlichen Erlebnisse, die Treibjagden im herbstlich bunten Wald: das ferne Klappern der Treiber, der Ruf aufgestörter Eichelhäher, das Summen einer späten Biene im Gras am Waldsaum, und lauter als alles andere der Ton des eigenen Herzschlages. Wir klar diese östliche Luft war und wie licht der Himmel über den leuchtend goldenen Wäldern, gesäumt vom Rot der Eberesche.

Und dann im Winter die große Einsamkeit der tiefverschneiten, lautlosen Wälder. Eine dicke Schneedecke ließ für Monate die kleinen, verstreuten Dörfer in der Weite der Landschaft verschwinden. Glitzernde, von den Schlittenkufen blankpolierte Wege, krachender Frost. Pelzmützen und Filzstiefel. Und so mancher Tag, an dem man auf Skiern über die Felder und durch den Bestand einer Fuchsfährte folgte, die, einer Perlenschnur gleich, in den unberührten Schnee gelegt schien. Früh trat um diese Zeit die Dunkelheit ein. Schon um drei Uhr wurden die Lampen angezündet, und im Kamin fielen die Scheite funkenstiebend zusammen.

Endlos erschien der Winter, die kurzen Tage und langen Nächte und auch die nie endenden Ansprüche der Hauslehrer an den Schüler. Bis dann eines Tages die Stürme, die durch die alten Alleen brausten, im Walde die Fichten kreuzweise übereinanderlegten. Kilometerweit traten dann die Flüsse über die Ufer, alle Wege wurden grundlos, und an den geheimnisvollen Abenden hörte man den Schrei der nordwärts ziehenden Wildgänse: Frühling. Ein Frühling, elementar und gigantisch, der nicht nur die Natur in mächtigen Unwettern schüttelte, sondern auch die Menschen, die monatelang in Abgeschiedenheit gelebt hatte, träumend, wartend, grübelnd.

So wurde Schicht auf Schicht gelegt, verging Jahr auf Jahr im Rhythmus der Natur, die alles bestimmte im souveränen Gleichmaß und die doch voller Abenteuer war mit unheimlichen Erscheinungen im nächtlichen Wald und seltsamen Geräuschen am Ufer des dunklen Sees. Generation auf Generation war so herangewachsen und hatte erlebt, daß fast unbemerkt aus Spiel Verantwortung wurde.

Im Grunde waren es weniger Eltern und Erzieher – Gouvernanten und Hauslehrer –, die den werdenden Menschen prägten, als das Hineinverwobensein in eine vom Praktischen her bestimmte Gemeinschaft. Alle waren sie Lehrmeister, unerbittlich strenge Lehrmeister. Bis ins tiefe Mark drang der Schrecken, wenn Ludorf, der Oberkutscher, seine Feldwebelstimme erhob, weil irgendeine Arbeit, die man im Stall übernommen hatte, schlecht oder nur halb ausgeführt worden war; oder wenn der Stellmacher drohende Flüche ausstieß, weil das bei ihm für den Bau eines Kaninchenstalls entliehene Werkzeug nicht vollzählig und pünktlich zurückgebracht wurde. Wehe, wenn die Köchin einen dabei erwischte, daß man beim Herrichten jagdlicher Trophäen Unordnung in der Küche hinterließ oder der Diener die Spuren schmutziger Schuhe auf dem Parkett entdeckte.

Nur eins, das nahm uns niemand ab: Verantwortung, dort wo wir dabei waren. Wenn Flurschaden entstand, weil beim Indianerspiel mit der gesamten Dorfjugend das Zubehör der Leiterwagen zum Lagerbau verwendet oder ein kriminalistisch angelegter Raubzug in das wohlverschlossene Weinhaus veranstaltet worden war, dann gingen alle straffrei aus, nur wir nicht. Wenn im Dorf einer krank war, dann mußten die älteren Schwestern Nachtwache halten und wir den Hilflosen Essen und Stärkung bringen. Wenn irgendwo etwas fehlte, irgendwann jemand in Not geraten oder ihm Ungerechtigkeit widerfahren war, dann waren wir die Mittler zwischen unten und oben – das war so selbstverständlich wie die Tatsache, daß wir und niemand anders kollektive Dummheiten zu verantworten hatten.

Dies die Welt, in der Heini Lehndorff heranwuchs. Sie mag letzten Endes der Grund gewesen sein, warum er in einer Zeit, da niemand geradestand für das, was in Deutschland geschah, weil jeder sich durch »höheren Befehl« exkulpiert meinte, warum er damals die volle Verantwortung in die eignen Hände nahm und sein Leben einsetzte. Er war zu jener Zeit – am 20. Juli 1944 – fünfunddreißig Jahre alt.

Wenn ich mich frage, was eigentlich die für ihn besonders charakteristischen Züge waren – von jener, mit Jagen und Reiten verbrachten Jugend über eine gemeinsame Zeit an der Frankfurter Universität bis hin zur Verwaltung des väterlichen Erbes in Ostpreußen –, so vielleicht dies: eine durch nichts zu trübende Lebensfreude, seine nie erlahmende Vitalität und Intensität und die durch keines Gedankens Blässe angekränkelte Naturverbundenheit: Nie wieder sah ich jemand, der so sehr zu Hause war in seiner Landschaft – als Mensch, als Herr und als Diener.

Vom frühen Morgen an war er pausenlos unterwegs auf seinem Besitz, prüfend, anregend, experimentierend. Da wurde dräniert und gebaut, Weiden neu angesät, Unland urbar gemacht, und jedem, dem er begegnete – Arbeiter, Pächter, Handwerker – ging das Herz auf, wenn ihm der große, gut aussehende Mensch ein paar lustige Worte zurief oder seinen Tadel in wohlgezielten, heiteren Spott kleidete. Fremde sahen ihm lange nach, wenn er, das Vieh inspizierend, mit großen Schritten über die Weiden ging, vor der »Schlippe«, dem Weidengartentor, kurz verhielt und sich dann mit einer eleganten Flanke darüberschwang. In seiner Schülerzeit hatte er mit 1,85 m Hochsprung den mitteldeutschen Rekord erstritten.

Anders als bei den Generationen vor ihm erschöpfte seine Tätigkeit sich nicht darin, mit Hilfe eines Administrators und eines Justitiars die Oberleitung der Güter zu überwachen. Er hatte bei einem kleinen Bauern die praktische Landwirtschaft gelernt, anschließend verschiedene Spezialkurse besucht und dann für mehrere Jahre einen Hof verwaltet, ehe er den 25 000 Morgen großen Familienbesitz Steinort am Mauersee übernahm.

Steinort ist etwa seit 1400 im Besitz der Familie Lehndorff gewesen – in der Verleihung des Ordens war von einer »großen Wildnis« die Rede. Seither hatten die Lehndorffs über fünf Jahrhunderte dort in Masuren am Rande des Mauersees gelebt und gewirkt. 1689 hatte Marie Eleonore, eine geborene Gräfin Dönhoff, die schon mit 25 Jahren verwitwet war, den Bau des Barockschlosses in Angriff genommen. Bis in unsere Tage hatten sich sämtliche Abrechnungen über die Maurer, Zimmerleute und Kalkschläger, über Ziegelsteine, Nägel, Türschlösser und Fenster erhalten und waren Zeugnis für das kühne Unterfangen, in jener Zeit mit örtlichen Handwerkern ein solches Gebäude zu errichten.

Es gab viele schöne Besitze in Ostpreußen, aber kaum einen zweiten in so unberührter, großartiger Landschaft. Ein verträumter und leicht verwilderter Park mit vielhundertjährigen Eichenalleen führte vom Schloß herunter zu dem größten der masurischen Seen, in dessen Schilf wilde Schwäne brüteten und Tausende von Enten, Möwen und Bleßhühnern hausten. Die letzten Seeadler zogen dort ihre Kreise.

Es war, als hätte die Zeit stillgestanden: fünfzig, hundert Jahre oder länger? Der kleine Empire-Gartenpavillon, um 1800 gebaut, schien gerade eben erst einer Gesellschaft von Krinolinen und grauen Zylindern als Teehäuschen gedient zu haben. Noch hingen an einigen alten Bäumen jene Tafeln, die man damals, im frühen 19. Jahrhundert, seinen Freunden zu widmen pflegte. In altmodischer Schrift waren darauf französische Verse verzeichnet, von denen mir einer noch in Erinnerung ist:

Si j'eus été le jour de ta naissance
chargé de te donner un nom
et que de l'avenir la connaissance
m'eût été conféré par Apollon
de peindre au vif ton âme et ton regard
ton nom sans hésiter aurait été ... Bayard.

Heini Lehndorff hatte das Fideikommiß Steinort von seinem Onkel Carol geerbt, einem Junggesellen und unvergleichlichen Original, der in seiner abenteuerlichen Jugend für ostpreußische Verhältnisse allzu leichtfertig in den Tag gelebt hatte. Die letzten Jahrzehnte seines Lebens verbrachte er, nachdem er lange Zeit fern von Europa gelebt hatte, wieder in Steinort, abwechselnd in monatelanger Einsamkeit, dann wieder in fröhlichem Jagen und nächtlichen Trinkgelagen, über die die Fama Erstaunliches zu berichten wußte. Er starb 1936.

Drei Jahre des Friedens blieben Heini Lehndorff, in denen er sich mit ungestörter Schaffensfreude auf die Modernisierung und Intensivierung der Steinorter Güter konzentrieren konnte. 1937 hatte er Gräfin Gottliebe Kalnein geheiratet, eine Tochter des Landstallmeisters von Graditz. Schon sehr bald wurde von Tag zu Tag deutlicher, daß Hitler den Krieg und nichts anderes als den Krieg wollte.

Noch einmal – es war wenige Tage vor dem Einmarsch in Polen – trafen wir uns alle in Königsberg mit der Gewißheit, dies werde das letzte Mal sein. Nie werde ich den Moment vergessen, als wir vor dem Hotel Berliner Hof standen und Heinis jüngerer Bruder sich von meinen Brüdern verabschiedete. Er war damals 23 Jahre alt, ein großgewachsener, ernster, fast klassisch schöner Jüngling, der im 1. Infanterieregiment als Leutnant diente. Seine letzten Worte waren: »Auf den Barrikaden sehen wir uns wieder«, dabei leuchteten seine Augen, wie ich es seit Kindertagen an ihm nicht mehr erlebt hatte.

Er war sehr früh, schon vor Ausbruch des Krieges, mit den ersten Anfängen der Widerstandsbewegung in Verbindung gekommen und war ganz erfüllt von der Aufgabe, Deutschland von der Geißel Hitler zu befreien. Zwei Monate nachdem im Juni 1941 der Krieg gegen Rußland begonnen hatte, fiel er als Kompanieführer in Estland. Für Heini Lehndorff war der Verlust dieses einzigen Bruders ein vernichtender Schlag. Es ist kein Zweifel, daß das Gefühl, die Aufgabe erfüllen zu müssen, die dieser Bruder sich gesetzt hatte, seinen Entschluß, die Beziehungen zur Opposition aufzunehmen, mitbestimmt hat.

Er selber war zu jener Zeit als Ordonnanzoffizier bei General Fedor von Bock, dem späteren Generalfeldmarschall und Oberbefehlshaber der Heeresgruppe Mitte im Osten. Bei ihm hatte er – immer schon mit kritischen

Heini Lehndorff vor dem Steinorter Haus.

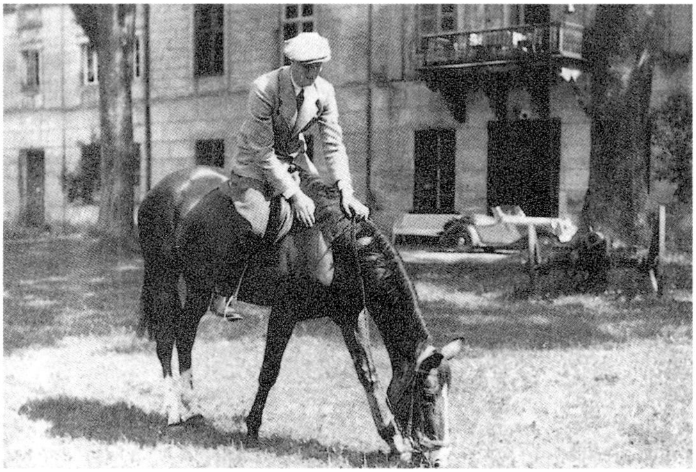

Augen – den Rußlandfeldzug mitgemacht, bis zu einem Ereignis, das ihn mit äußerster Abscheu erfüllte. Bei Borissow hatte die SS in Bocks Befehlsbereich grausame Judenmassaker durchgeführt, ohne daß dieser, wie seine jungen Offiziere forderten, sich im Führerhauptquartier dagegen aufgelehnt hätte. Das war für den Ordonnanzoffizier Graf Lehndorff der letzte Anstoß, sich ganz in den Dienst der Widerstandsbewegung zu stellen. Jahrelang hat er von da an als Kurier Nachrichten hin- und herbefördert.

Schließlich nahte der 20. Juli 1944. Heini Lehndorff war damals als Betriebsleiter seiner Güter vom Militärdienst freigestellt und befand sich zu Haus in Steinort, wo der Hauptteil des Schlosses inzwischen als »Feldquartier« für den Außenminister von Ribbentrop requiriert worden war. Auch das OKH war auf seinem Besitz im Mauerwald installiert. Am 19. Juli erreichte ihn die Nachricht, morgen werde es losgehen. »Endlich«, war sein erleichterter Kommentar. Mehrmals schon in den letzten Jahren waren alle Eingeweihten in Alarm versetzt worden, aber jedesmal hatte »die Vorsehung« das Zustandekommen des Attentats vereitelt. Nun also würde es endlich soweit sein.

Es war 7 Uhr morgens, wenige Stunden, bevor Stauffenbergs Bombe explodierte, als er am 20. Juli zum OKH fuhr. Er zog sich im Walde um, denn Ribbentrops Sicherheitspolizei durfte nicht sehen, daß er Uniform trug, um an diesem Tage nach gelungenem Attentat beim Wehrbezirkskommando Königsberg die Übernahme der Macht auf die Repräsentanten Generals Becks zu leiten. Den ganzen Tag über hatte er in Königsberg gewartet, aber keine Nachricht war durchgekommen, nur das Gerücht, ein Attentat, im Mauerwald verübt, sei fehlgeschlagen und Hitler wohlbehalten. Lehndorff fuhr, Verzweiflung im Herzen, die 150 km zurück, ließ das Auto auf einem Vorwerk stehen, bestieg seinen Vollbluthengst Jaromir und ritt, scheinbar von den Feldern heimkehrend, in Steinort auf den Hof.

Es war klar, daß es nur sehr kurze Zeit dauern konnte, bis man allen Beteiligten auf der Spur sein würde. Und es galt nun, sofort einen Entschluß zu fassen: Bleiben bedeutete den sicheren Tod, fliehen mochte für ihn die Rettung sein, was aber würden sie – die Schergen – mit seinen drei Kindern tun und mit seiner Frau, die in jenen Wochen ein viertes Kind erwartete? Selbst seinem Leben ein Ende bereiten, nicht die letzte Verantwortung für das tragen, was man im vollen Bewußtsein der Konsequenzen getan hatte? Bleiben? Flucht? Selbstmord? Bleiben?

Am nächsten Tag fuhr ein Auto vor. Lehndorff stand gerade am Fenster und sah mit einem Blick, daß die, die da ausstiegen, Gestapo-Beamte waren. Und wenn bis zu diesem Augenblick das Mühlrad: Bleiben ... Flucht ... Selbstmord ...?, ohne auch nur einmal innezuhalten, sich in seinem gedankenleeren Hirn gedreht hatte, jetzt, da es um eine rasche Reaktion ging, jetzt wußte er: von diesen da würde er sich nicht fangen lassen.

Im Bruchteil einer Sekunde war er verschwunden. Niemand hatte gesehen, wie. Seine Frau nicht und auch die Leute nicht. Offenbar war er aus dem ersten Stock in den Park gesprungen und rannte nun dem See und dem schützenden Walde zu. Er rannte um sein Leben, denn wenige Minuten später hatten die Gestapisten mehrere Wolfshunde losgelassen, die sofort die Spur aufnahmen und mit riesigen Sprüngen hinter ihm herhetzten. Bald aber hatten sie die Spur verloren, denn der Flüchtende, gleichermaßen vertraut mit Jagd und Natur, war weite Strecken am Ufer des Sees im Wasser gelaufen.

Zu Hause standen sie, klopfenden Herzens: würde er es schaffen? Das ganze Gebiet, so hieß es, sei bereits abgesperrt. Aber er kannte ja jeden Wildwechsel im Walde und jedes Versteck, er würde sie schon überlisten. Da rief er plötzlich viele Stunden später von einem weit entfernten Vorwerk an, seine Frau möge ihn abholen. Er hatte es sich anders überlegt, die Sorge um das Schicksal seiner Familie war stärker als der Selbsterhaltungstrieb. So stellte er sich freiwillig den Verfolgern.

Die Gestapo-Beamten nahmen ihn mit lieferten ihn in das Gefängnis in Königsberg ein. Nach zehn Tagen kam der erste Brief. Der Wächter, dessen Freundschaft zu gewinnen ihm rasch gelungen war, hatte ihn herausgeschmuggelt. Sehnsüchtig sah der Gefangene die Wolken am vergitterten Fenster vorbeiziehen und trug Grüße auf für Steinort.

Schon wenige Tage später wurde er zusammen mit anderen nach Berlin transportiert. Als der Polizeiwagen nachts vor dem Gefängnis in der Prinz-Albrecht-Straße hielt, gelang ihm, was keinem anderen gelungen war: herauszuspringen und zu flüchten – übermächtig war seine Sehnsucht nach Freiheit.

Noch in derselben Nacht wurde in der ganzen Mark Brandenburg die »Landwacht« mobilisiert. Dennoch gelang es dem Flüchtigen, der sich tagsüber verborgen hielt und nachts wanderte, bis in die Gegend von Neustrelitz in Mecklenburg zu kommen, obgleich ihm im Gefängnis die Schuhbänder abgenommen worden waren und die Schuhe daher nicht festsaßen, was ihm schließlich zum Verhängnis wurde. Nach vier Tagen waren seine Füße so wund, daß er keinen Schritt mehr tun konnte. Letzte Hoffnung: in einem einsamen Forsthaus für ein paar Tage Zuflucht zu finden. Aber der Förster, an dessen Tür er in der ersten Morgendämmerung klopfte, war der Chef der örtlichen Landwacht und hatte nicht den Mut, einen steckbrieflich Verfolgten aufzunehmen. Nach kurzer Bedenkzeit, in der auch für ihn der Gedanke an seine Familie den Ausschlag gegeben haben mochte, lieferte er den Hilfesuchenden aus. Wie er später berichtete, hatte Heini Lehndorff ihn weder gedrängt noch gebeten, ihm vielmehr kurz berichtet und dann darauf bestanden, er müsse die Gefahr bedenken, ehe er sich entscheide, ihm Asyl zu gewähren.

Sobald die Flucht bekannt geworden war, hatte die Gestapo die gesamte Familie verhaftet, die Eltern, die Schwester, die Frau, die acht Tage später ein Kind zur Welt brachte und gleich darauf in ein Straflager verbannt wurde. Und schlimmer als dies: Zuvor waren zwei SS-Männer gekommen und hatten von der unglücklichen Mutter die Herausgabe der drei kleinen Mädchen verlangt, die sieben, fünf und zwei Jahre alt waren. Sie packten sie in ihren Wagen und fuhren davon – niemand ahnte wohin.

Erst Wochen später erfuhr man, daß sie zusammen mit den Kindern aller anderen am Attentat Beteiligten in Thüringen verborgen wurden – unter anderem Namen, um jegliche Erinnerung zu tilgen. Durch ein Wunder gelang es, sie später alle wieder ihren Eltern zuzuführen.

Heini Lehndorff wurde nach schlimmen Mißhandlungen wieder in das Berliner Gefängnis eingeliefert. Ein kurzer Prozeß vor Freislers Volksgerichtshof, wo er sich zu seiner Tat und Haltung bekannte und keinen Versuch machte, sich herauszureden. Und dann am 4. September das Ende am Galgen von Plötzensee.

Erst viel später kam sein letzter Brief. Zwischen jenem ersten, der von der Sehnsucht sprach, mit der er den Wolken nachblicke, und diesem letzten aus dem Bunker des Volksgerichtshofes lagen nur vier Wochen. Sie haben aber so viel wie ein halbes Leben gewogen. Dieses letzte Lebenszeichen ist der Brief eines reifen Mannes, eines überzeugten Christen, der auch nach schwerster Gewissensprüfung nichts von dem, was er getan hat, zurücknimmt. Und der durchdrungen ist von der Gewißheit der Gnade.

Sonderausgabe 2000

Typographie: Brigitte und Hans Peter Willberg
Satz: Bonge + Partner, Berlin
Reproduktionen: Rembert Faesser, Berlin
Druck und Bindung: BAWA Print, München
Printed in Hungary
ISBN 3-572-10036-4